Visual C++ 6.0으로 구현한

3차원 컴퓨터 그래픽

최행진 지음

KYOWOOSA 教友社

시작하는 말

이 책은 Visual C++ 6.0 을 이용하여 3 차원 컴퓨터 그래픽을 구현하는 것을 목표로 한 책이다. 많은 것을 해 볼 수는 없지만 기본적인 것들은 가급적 최대한 많이 다루려고 노력했다. 3 차원 그래픽에 대한 다른 책들과 이 책의 가장 큰 차이점은 이 책의 경우 취급하는 모든 것에 대해서 전체 소스 코드를 제공한다는 것이다. 따라서 소스 코드를 제공하지 못하는 분야라면 이 책에서 아예 다루지 않는다. 일례로써 광선추적법은 필자가 소스 코드를 제공할 능력이 되지 않아 이 책에서 광선추적법을 다루지 않는다.

이 책을 공부하고 나면 3 차원 컴퓨터 그래픽에 대해 많은 것을 알게 될 것이다. 시중에 Visual C++ 6.0 으로 영상 처리를 구현하는 책[1]이 있던데 필자의 이 책과 그 책을 모두 공부하고 나면 훨씬 좋으리라 생각한다.

3 차원 그래픽에 관한 다른 책들을 살펴 보면 행렬 연산에 대한 이야기가 자주 등장한다. 그런데 굳이 행렬로 설명하지 않아도 3 차원 그래픽에 관한 이론을 전개해 나가는 데 있어 별무리가 없다. 그래서 필자는 이 책에서 행렬 이야기를 전혀 하지 않았다.

3 차원 그래픽에 대한 다른 책들의 경우 대부분 이론 중심이다. 필자는 이 책에서 이론에 그치지 않고 완전한 소스 코드를 제공한다. 필자의 방식은 공부하는 독자들이 3 차원 그래픽을 공부하고 이해하는 데 있어 큰 효과를 발휘할 것이다.

[1] 필자가 집필한 책은 아니다.

목 차

제 1 부 사전 준비

제 1 부에서 다루는 내용은 코딩을 하기 위한 준비 작업이다. 그 전에 색깔이란 무엇인지 간략하게 공부해 보자.

1 색깔이란 무엇인가?

1.1 색깔의 정체

색깔은 기본적으로 물리적인 현상이다. 물리적으로는 파장이라는 것에 의해 여러 다양한 색깔들이 결정된다. 사람이 눈으로 볼 수 있는 색깔들의 빛의 집합을 가시 광선이라고 한다. 가시 광선의 파장은 대략 380nm~740nm 이다. 우리가 가끔 볼 수 있는 오색찬란한 무지개가 바로 이러한 파장의 범위 내에 분포해 있는 것이다.

380nm 보다 작은 파장의 빛을 우리는 자외선이라고 한다. 그리고 740nm 보다 큰 파장의 빛을 우리는 적외선이라고 한다.

1.2 색깔의 가짓수; 색깔은 도대체 총 몇 개인가?

색깔은 도대체 총 몇 개나 되는 것일까? 정답은 무한개이다. 색깔이 총 몇 개냐고 묻는 것은 380 과 740 사이에 몇 개의 실수가 존재하느냐고 묻는 것과 비슷한 질문이라고 하겠다. 아래의 그림

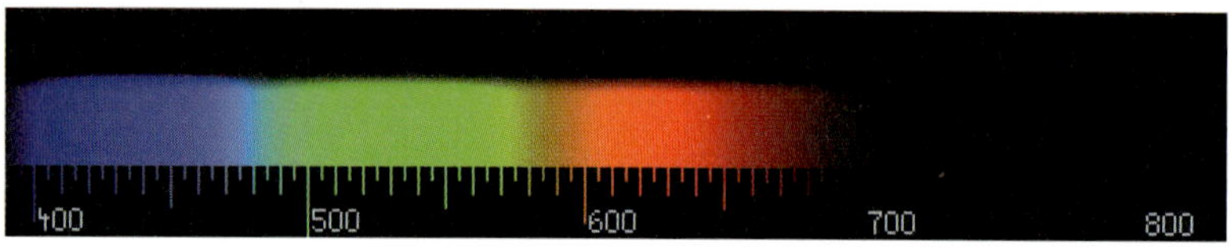

은 빛의 파장에 따른 색깔을 나타낸다. 이런 그림으로 보면 색깔의 가짓수가 그다지 많지 않아 보인다. 그러나 이런 현상은 어디까지나 인쇄상의 표현 문제일 뿐이다.

1.3 현재, Windows 는 기본적으로 16777216 가지의 색깔을 표

시할 수 있다.

컴퓨터를 사용하다 보면 아래의 그림

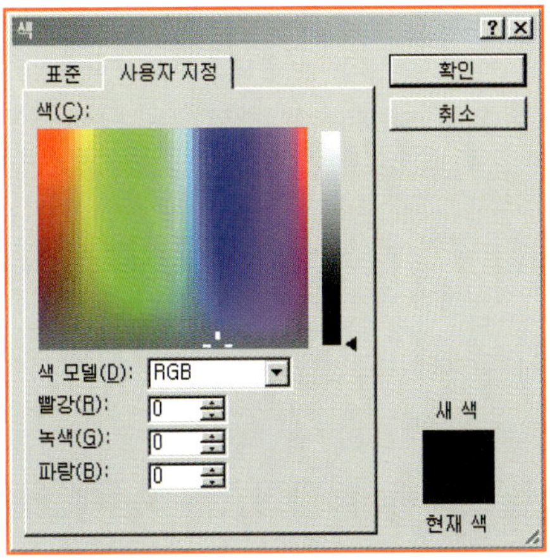

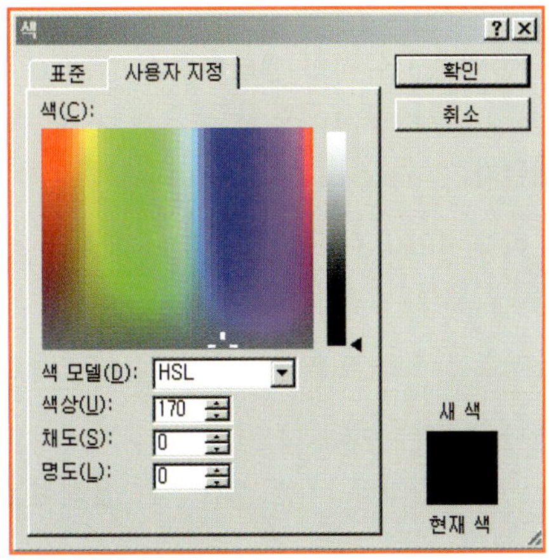

과 같은 색상표를 만나게 되는 경우가 종종 있다. 우리는 이 색상표에서 수치 변경을 하므로서 우리가 사용하고자 하는 색을 결정할 수 있다. RGB 색 모델에서 우리는 빨강, 녹색, 파랑 각각의 색상에 대해 0 부터 255 까지 자연수를 선택할 수 있다. HSL 색 모델의 각 항목에서도 마찬가지다. 따라서 우리가 컴퓨터에서 사용할 수 있는 색깔의 총가짓수는 기본적으로 $256 \times 256 \times 256 = 16777216$[2]이다. 그렇다고 해서 16777216 가 원천적인 한계값이라는 이야기는 절대 아니다.

그렇다면 다음과 같은 질문을 할 수 있다. 16777216 이면 충분할까? 정답은 아니오다.

1.4 24 비트의 한계를 넘어서

푸른 하늘에 두둥실 떠 있는 하얀 구름, 수평선 너머로 해가 기우는 멋진 해넘이 광경 또는 눈밭을 깡충깡충 뛰어다니는 하얀 토끼의 이미지 등은 일반적으로 24 비트 컬러 인터페이스로

2 이것은 24비트에 해당한다. 즉 $16777216 = 2^{24}$이다.

는 배경이 선명하지 않거나 색깔이 흐릿해진다. 컴퓨터 그래픽 디스플레이의 경우에도 24 비트 컬러 인터페이스는 그라데이션에서 '마하 밴드(Mach Band) 현상'이 나타나는 경우가 잦다. 마하 밴드 현상은 경계면 부근에서 어두운 면은 더욱 어둡고, 밝은 면은 더욱 밝게 보이는 일종의 착시현상을 말한다.

요즘 HDMI 1.3 규격의 인터페이스가 HDTV 을 중심으로 널리 보급되고 있다. HDMI 1.3 는 무려 $2^{48} = 281474976710656$가지의 색을 표현할 수 있고 WQXGA[3]에 해당하는 1440p 의 해상도를 지원한다.

그에 비해 HDMI 1.2 는 16777216 가지의 색을 표현할 수 있고 UXGA[4]에 해당하는 1080p 의 해상도를 지원한다.

24 비트의 장벽을 뛰어넘는 색 표현이 가능하게 된 핵심 요인을 알아보자.

첫 번째 요인은 현재 디스플레이 기술을 견인하는 것이 PDP 와 LCD 같은 픽셀 디스플레이 디바이스라는 점이다. 기존 CRT 디스플레이는 전자빔으로 주사하기 때문에 픽셀 디스플레이 디바이스보다 인접 픽셀 간 그라데이션 차이를 구분하기가 근본적으로 더 어렵다. 일본 NHK 과학기술 연구소 재료공학팀의 한 선임 연구원은 “픽셀 디스플레이 디바이스에서는 색조 차(Tonal Difference)가 CRT 보다 더욱 확연하게 나타난다.”고 말했다. 픽셀 디스플레이 디바이스가 CRT 보다 그라데이션을 훨씬 정확하게 나타낸다는 뜻이다. 예컨대 게임 개발자들은 그러한 그라데이션 디스플레이 성능 차이를 잘 알고 있다. “CRT TV 스크린용으로 개발된 기존 게임 타이틀을 최신 LCD TV 에서 실행하면, 영상이 엄청나게 거칠고 흉하다.”는 게 일본 폴리포니 디지털의 카즈노리 야마구치 사장의 지적이다.

화면의 대형화 추세 역시 그라데이션 디스플레이 성능을 향상시키기 위한 노력을 부추기는 요인이다. 최근에는 50 인치 및 60 인치 LCD TV 와 100 인치 이상의 영상을 디스플레이하는 배면투사 시스템 신제품을 쉽게 구할 수 있다. 20 인치나 30 인치 디스플레이에서는 그라데이션 차이나 색 편차를 인식하기가 쉽지 않았지만 이제는 디스플레이 기기가 대형화됨에 따라 시청자도 쉽게 알아차릴 정도로 커졌다.

---

[3] Wide Quad Extended Graphics Array의 줄임말

[4] Ultra Extended Graphics Array의 줄임말

2 MFC

2.1 개론

MFC(Microsoft Foundation Classes)는 윈도우즈용 프로그램 개발을 보다 쉽게 하도록 도와준다. MFC 에 대해 알기 위해서는 그 전에 먼저 API 에 대해 알아야 한다.

API 는 Application Program Interface 의 頭文字語(acronym)로서, 응용 프로그램이 컴퓨터의 운영 체제에 의해 수행되는 lower-level services 를 요청하고 수행하기 위해 사용하는 명령어들의 집합이다. Windows 3.1 은 Win16 API 를 사용하며 Windows NT, Windows 95, Windows 98 플랫폼은 Win32 API 를 사용한다.

MFC 는 개체 지향 프로그래밍 기술의 적용과 코드의 재사용을 위해서 윈도우즈 프로그래밍을 위한 API 인 "Win32 API"를 기능별로 구분해서 클래스로 작성해 놓은 것이다. MFC 는 윈도우즈 운영 체제에서의 프로그래밍을 위한 "응용 프로그램 프레임워크"이다. MFC 는 창(window), 메뉴, 대화 상자에 필요한 코드의 많은 부분을 제공한다. 독자는 프레임워크 안에 원하는 코드를 추가하면 된다. MFC 를 사용하면 개발시간(development time)을 단축할 수 있고, 코드를 다른 기종에 이식하는데 있어서의 어려움을 줄일 수 있으며, Windows 소켓 API 를 통한 네트워크 프로그래밍을 단순화시킬 수 있다.

API 와 MFC 에 대해 자세하게 설명하는 것은 이 책의 범위를 벗어나는 일이므로, 이것들에 대한 구체적인 설명은 생략한다. 자세한 것이 궁금한 독자(reader)들은 "Visual C++ 6.0"이나 API, 또는 MFC 에 관한 전문 서적을 참고하여라.

2.2 실행 환경

필자는 Windows XP 를 사용했다. 그리고 화면 해상도는 1920x1200 픽셀로 설정했다.

2.3 MFC

2.3.1 준비 과정

우리는 함수의 그래프 또는 그림을 그리거나 물리현상을 시늉내기(simulation)하기 위해 MFC 를 사용할 것이다. 그런데 우리의 이러한 목적을 달성하기 위해서 반드시 거쳐야 할 과정이 있다. 계속 이어지는 설명을 잘 읽고 그대로 따라하기를 바란다.

아래의 화면

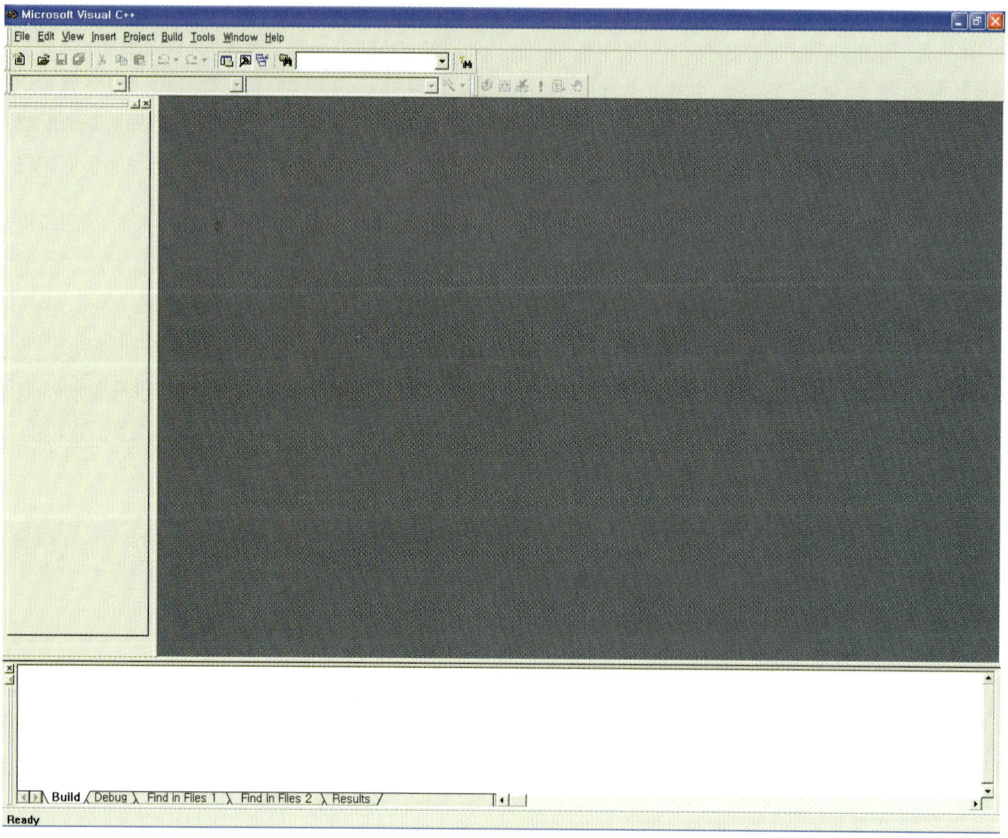

은 "Visual C++ 6.0"을 컴퓨터에 설치하고 난 후 처음으로 실행한 화면을 나타낸다.

좌측 상단을 보면 "File", "Edit", "View", "Insert", "Project", "Build", "Tools", "Window", "Help"가 나열되어 있는 메뉴 모음(Menu Bar)이 있다.

"File" 메뉴를 클릭하면 하위 메뉴(submenu)가 나타난다. 이 중에서 "New" 명령을 선택하면 아래의 "New" 대화 상자

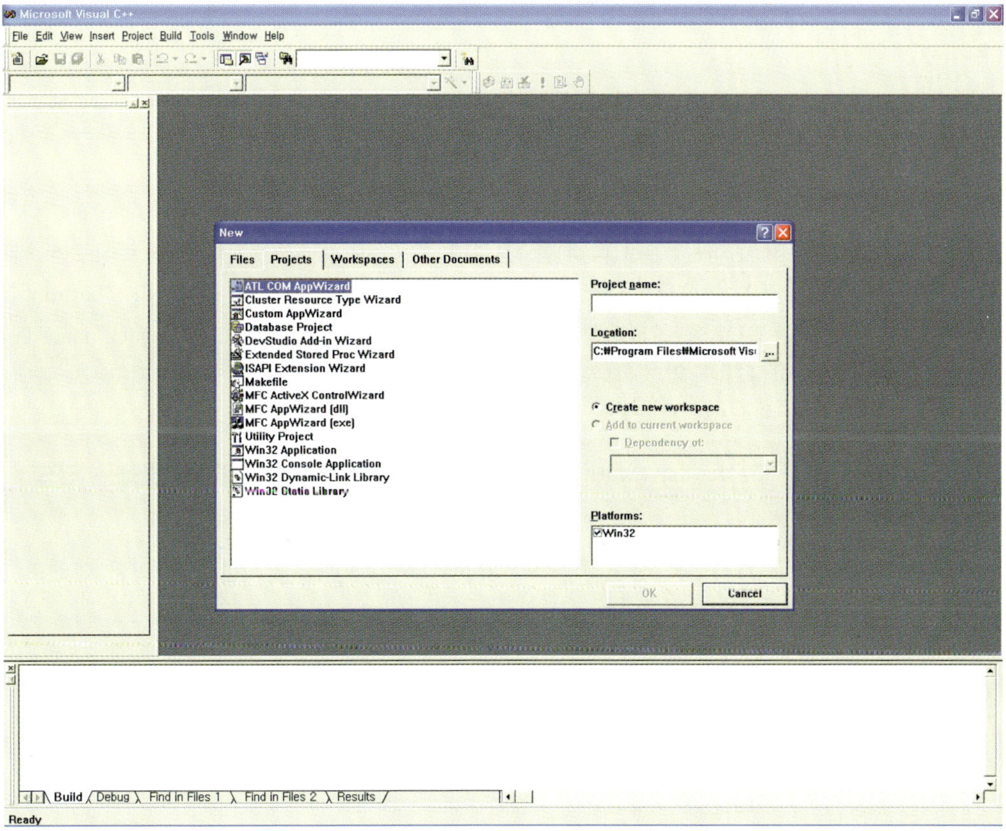

가 나타난다.

이 대화 상자에는 "Files", "Projects", "Workspaces", "Other Documents"의 네 개의 탭이 있다. 별다른 조작을 하지 않았다면 "Projects" 탭이 선택되어 있을 것이다.

왼쪽 부분에는 우리가 만들 수 있는 여러 종류의 프로젝트이 목록이 있는데, default 으로 "ATL COM AppWizard" 프로젝트가 선택되어 있다.

ATL 은 Microsoft 의 Active Template Library 를 말하는 것이다. 이게 뭔지 전혀 몰라도 된다. 우리는 단지 우리의 목적에 맞는 프로젝트가 어떤 것인지 알고, 그것을 선택해 주면 될 뿐이다.

밑에서 6 번째에 "MFC AppWizard(exe)"가 있다. 이것은 단독으로 실행이 가능하고 기본적인 MFC 응용 프로그램을 만들고자 할 때 사용하는 프로젝트로서, 우리가 선택해야 할 프로젝트이다.

"Project name"은 자신이 원하는 프로젝트 이름을 써넣는 곳이다. 만약 함수의 그래프를 그릴 거라면 "Project name"에 "함수의 그래프"를 입력하면 좋을 것이다.

"Location"은 앞으로의 몇 단계의 과정을 거친 후에 생성될 프로젝트가 저장(save)될 위치를 말하는 것으로, 자신이 원하는 경로(path)를 지정해 주면 된다. 다만 하나의 프로젝트는 하나의 폴더에 저장하는 것이 좋으므로, 새로운 폴더를 만들어 저장할 것을 권장한다. "Location"에 의해 생성되는 폴더는 프로젝트가 저장되는 한 단계 위의 상위 폴더이고, "Project name"에서 지정한 프로젝트의 이름과 동일한 이름의 하위 폴더가 이 폴더 아래에 만들어지고 그 폴더에 프로젝트의 파일들이 모두 저장된다.

그 아래쪽을 보면 "Create new workspace"와 "Win32"가 선택되어 있다. 이것들은 건드리지 않는다.

목록에 있는 여러 프로젝트들 중에서 "MFC AppWizard(exe)"를 클릭한다. 그러면 아래의 화면

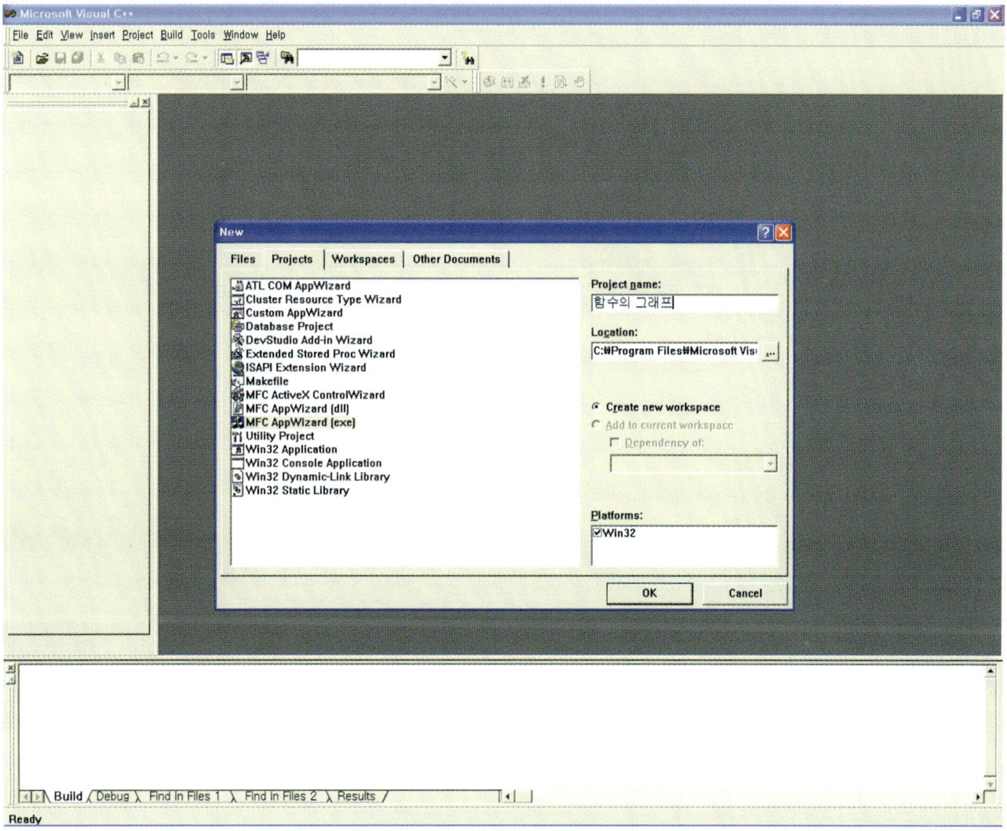

과 같다.

이제 "OK" 단추를 누르면 응용 프로그램 작성을 위한 기본적인 소스 코드를 자동으로 생성해 주는 MFC AppWizard 가 실행된다. 우리는 MFC AppWizard 를 통하여 나중에 생성될 프로젝트의 architecture, features, functions 을 선택할 수 있다.

"OK" 단추를 누른다. 그러면 아래의 "MFC AppWizard - Step 1" 대화 상자

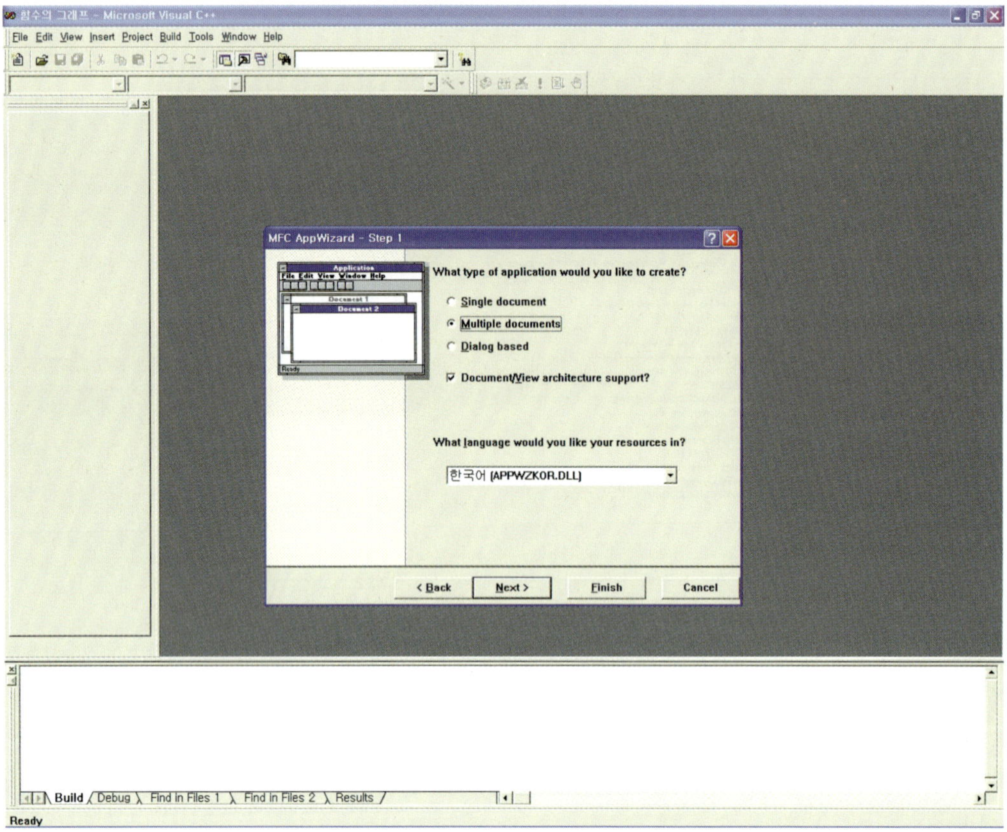

가 나타난다. 이 대화 상자는 우리가 만들고자 하는 응용 프로그램의 기본적인 구조와 리소스(resource)에서 사용할 언어를 결정하는 역할을 한다.

"What type of application would you like to create?"이라는 질문의 답에 세 가지의 architectures 가 나열되어 있고, "Multiple documents"가 default 으로 선택되어 있다.

"Single document"를 클릭하여 설정을 바꾸어 보아라. 또한 "Dialog based"으로도 설정을 바꾸어 보아라. "Single document"와 "Multiple documents", 그리고 "Dialog based"의 차이가 무엇인지 대충 알 수 있을 것이다.

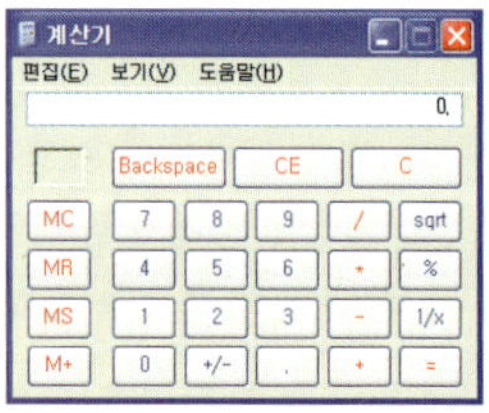

세 번째의 "Dialog based"는 응용 프로그램이 메뉴와 document/view architecture 를 갖지 않는 하나의 대화 상자만을 가지도록 한다. Windows 의 보조 프로그램에 들어 있는 계산기는 "Dialog based" 유형의

응용 프로그램이다.

우리의 목적에 적합한 유형은 SDI(Single Document Interface) 구조이다.

세 가지의 architectures 중에서 아래의 화면

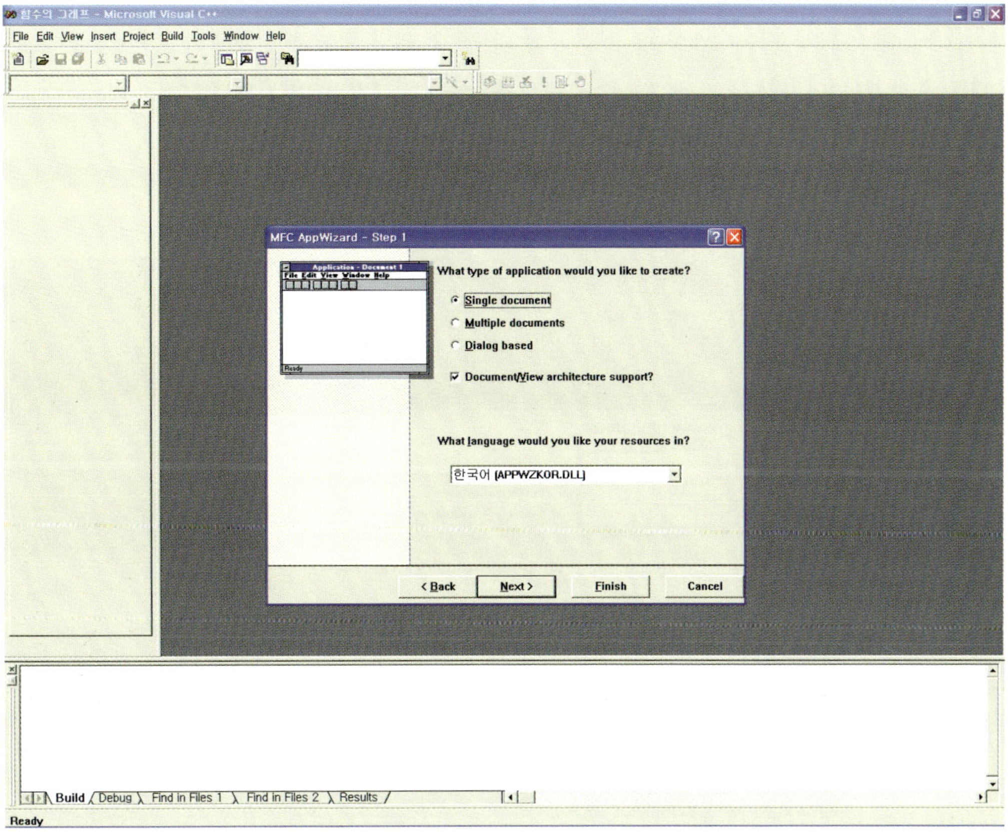

처럼 "Single document"을 선택한다.

"Single document" 유형의 응용 프로그램으로는 Windows 의 보조 프로그램에 들어 있는 "Windows 탐색기"가 있다. 이 유형의 응용 프로그램은 하나의 작업 창을 가진다.

한편, 하나의 응용 프로그램에서 여러 개의 "Source Windows"을 제공하는 "Visual C++ 6.0"은 "Multiple documents" 유형의 응용 프로그램이다. 만약 "Visual C++ 6.0"이 SDI 구조라면 매우 불편할 것이다. 왜냐하면 다른 파일을 편집하려면 현재 편집 중인 파일을 닫고 다른 파일을

열어야 하기 때문이다. 계속 이런 작업을 반복해야 한다면 매우 불편할 수 밖에 없다.

아래쪽에는 "What language would you like your resources in?"이라는 질문에 "한국어"가 default 으로 되어 있다. "한글판 Visual C++ 6.0"을 설치해서 그런 것이다. 이것 때문에 나중에 프로그램의 메뉴가 "파일(F)", "편집(E)", "보기(V)", "도움말(H)"과 같이 한글로 나타난다. 또한 메뉴 말고도 단추 같은 다른 리소스에서도 "확인", "취소" 등과 같이 한글을 사용하게 된다.

다음 단계로 넘어가기 위해서 "Next >" 단추를 누른다. 그러면 아래의 "MFC AppWizard - Step 2 of 6" 대화 상자

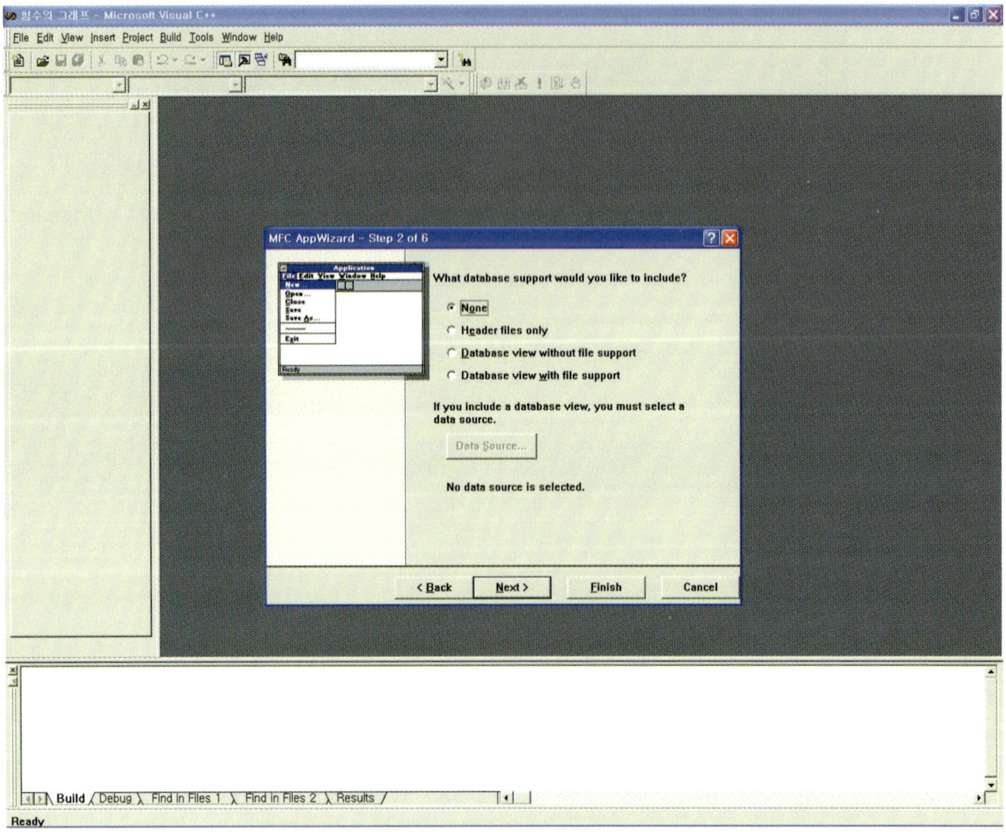

가 나타난다. 이 단계는 database 를 지원하는 기능을 포함시킬 것인지의 여부를 결정하는 단계다.

우리의 목적과 database 는 전혀 관계가 없다. dafault 으로 선택되어 있는 "None"을 그대로 놓아 둔다.

"Next >" 단추를 눌러 다음 단계로 넘어간다. 그러면 아래의 "MFC AppWizard - Step 3 of 6" 대화 상자

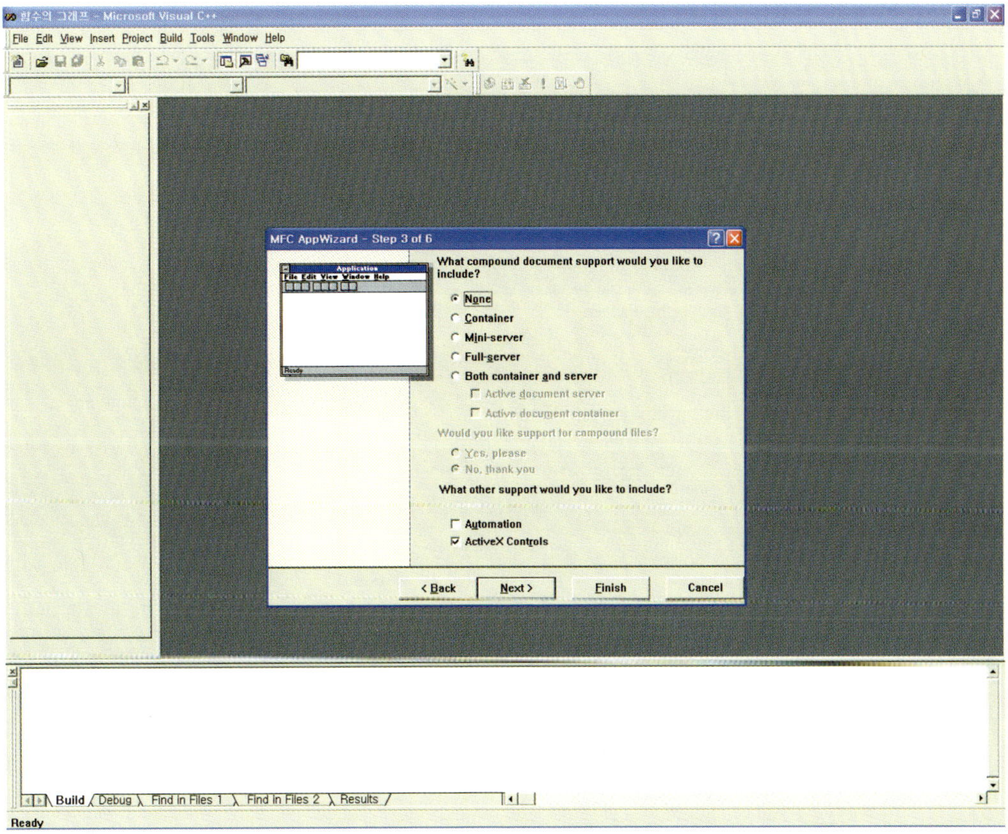

가 나타난다. 이 단계는 복합문서(compound document)를 지원하는 기능을 포함할 것인지 여부와 ActiveX 에 관한 코드를 생성할 것인지 여부를 결정하는 단계이다.

복합문서는 그림 파일, 소리 파일 등이 삽입되어 있는 워드프로세서 파일처럼 여러 종류의 데이터를 담고 있는 문서를 말한다. "What compound document support would you like to include?"이라는 질문의 답에 default 으로 "None"이 선택되어 있다. 그대로 놓아둔다.

한편, 아래 부분에는 "Automation"과 "ActiveX Controls"이 있다. 이것들은 ActiveX 에 속하는 기술이다. default 으로 선택되어 있는 "ActiveX Controls"은 ActiveX 의 여러 가지 기술들 중 핵심 기술이다. 우리의 목적과 ActiveX 와는 무관하다. 체크 표시를 해제하여라.

다음 단계로 넘어가기 위해 "Next >" 단추를 누른다. 그러면 아래 그림처럼 "MFC AppWizard - Step 4 of 6" 대화 상자

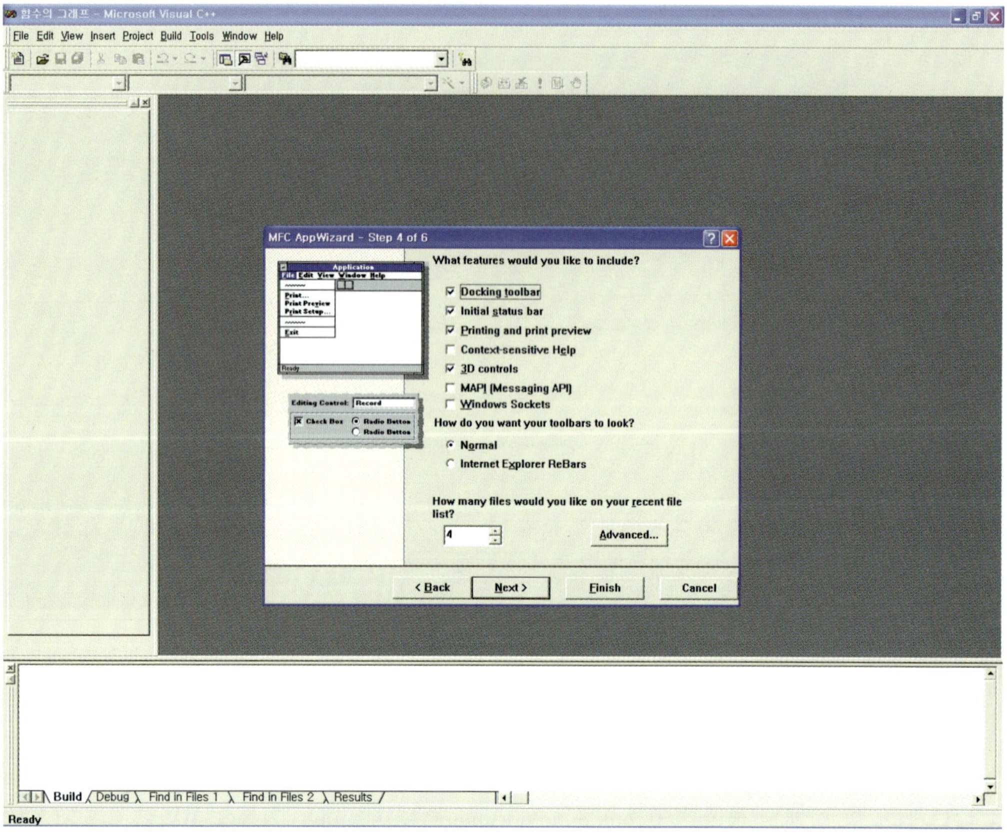

가 나타난다. 이 단계는 응용 프로그램의 사용자 인터페이스를 다양하게 조종하는 역할을 한다. 쉽게 말하면, 응용 프로그램을 어떤 모습으로 보이게 할 것인지 결정하는 것이다.

"Docking toolbar"는 응용 프로그램이 명령어를 실행시킬 수 있는 버튼들이 들어 있는 docking toolbar 를 가지도록 한다.

"Initial Status Bar"은 main 창의 아래 부분에 상태 표시줄이 나타나게 한다.

"Printing and print Preview"는 말 그대로 인쇄와 인쇄 미리보기 기능 설정에 관한 것이다.

"Context-sensitive Help"를 선택하면 도움말 작성을 위해 도움말 프로젝트 파일(.hpj)과 배치 파일 'MakeHelp.bat'을 만든다.

"3D controls"는 응용 프로그램의 사용자 인터페이스에 삼차원 모양을 넣는 코드 작성 여부를 결정한다.

"MAPI(Messageing API)"는 mail-enabled and mail-aware 응용 프로그램들이 mail messages 를 생성, 조작, 저장하기 위해 사용하는 함수들의 집합이다. MAPI 는 응용 프로그램 개발자들이 underlying messaging system 에 독립적인 mail-enabled and mail-aware 응용 프로그램들을 생성하기 위해 사용할 수 있는 공통의 인터페이스를 제공한다.

"Windows Sockets"는 소켓 프로그래밍을 할 수 있도록 지원한다. 소켓은 통신의 종점(communication endpoint)이다. Windows Sockets 응용 프로그램은 네트워크를 통하여 데이터의 패킷을 주고받는다. 소켓에는 양방향성의 스트림과 데이터그램의 두 가지가 있다. 사용자가 통신의 양 끝에서 MFC 를 사용할 때, MFC sockets 을 사용하면 매우 좋다.

그 밑으로 "How do you want your toolbars to look?"이라는 질문에 dcfault 으로 선택되어 있는 "Normal"은 보통의 입체 버튼을 가진 도구바를 제공하고 "Internet Explorer Rebars"는 익스플로러의 도구바와 같은 모양의 도구바를 제공한다.

하단에는 "How many files would you like on your recent file list?"이라는 질문이 있다. Windows 의 레지스트리를 많이 편집해 본 사람들이라면 레지스트리 항목 중에 MRU(most recently used) 항목을 알 것이다. MRU 항목에는 가장 최근에 사용한 파일 목록이 저장되어 있는데 이 값에 따라 목록에 저장할 수 있는 파일 개수가 달라진다. 파일의 개수가 이 값을 넘게 되면 가장 오래된 파일 순서대로 삭제되고 새로운 파일로 갱신된다.

"Advanced Options" 버튼이 있는데, 여기에서 한 가지 설정해 줄 사항이 있다.

"Advanced Options" 버튼을 누르면 아래

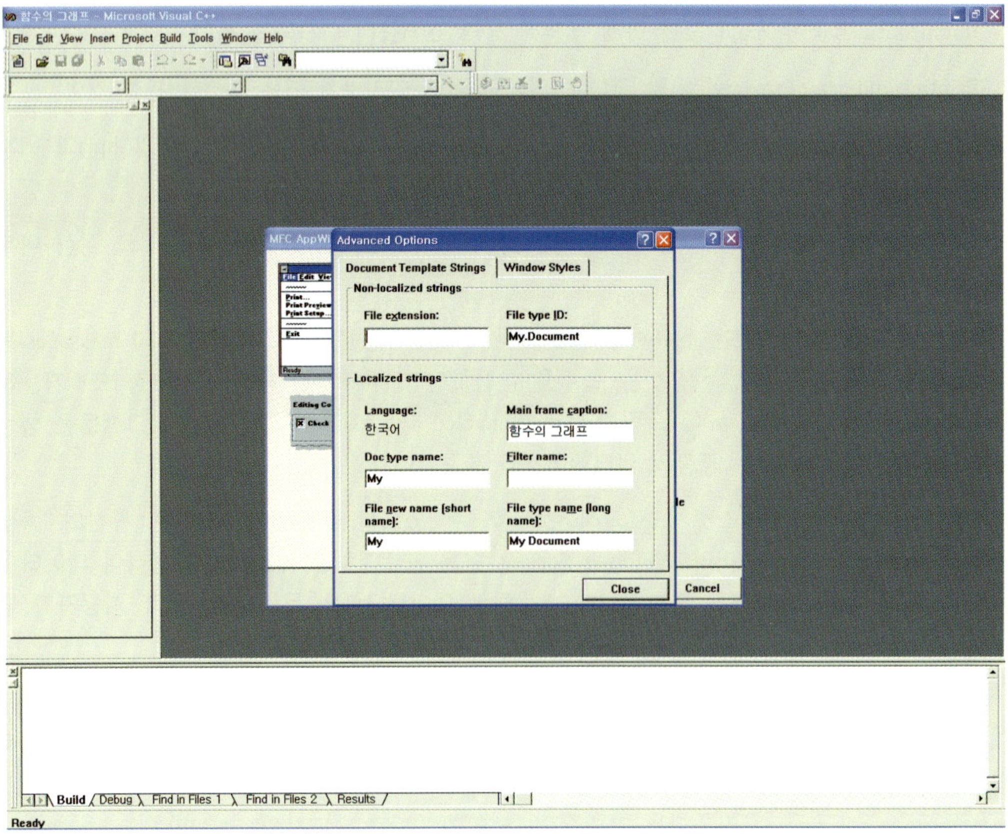

와 같이 된다.

"Document Template Strings" 탭과 "Window Styles" 탭이 있다.

사용자는 "Window Styles" 탭에서 "main frame 창"의 스타일을 바꿀 수 있다.

frame 두께를 thick 으로 할 것인지 thin 으로 할 것인지 지정할 수 있다. 혹시 thick 와 thin 이 무슨 뜻인지 모른다면, 영어 사전을 찾아보아라.

창이 "최소화 버튼(Minimize button)"이나 "최대화 버튼(Maximize button)"을 가질 것인지의 여부를 지정할 수 있다.

초기에 어떤 크기로 창이 나타날 것인지의 여부를 지정할 수 있다. 창이 초기에 최대 크기로 나타날 것인지, 최소 크기로 나타날 것인지, 아니면 default 으로 설정되어 있는 크기로 나타날 것인지를 지정할 수 있다.

SDI 응용 프로그램의 경우, 프레임워크에서 창의 스타일은 default 으로 캡션(caption)과 border 를 가지고 있으며 제목 표시줄에 "Control-menu box"를 가지고 있다.

"Window Styles" 탭을 선택한다. 그러면 아래의 화면

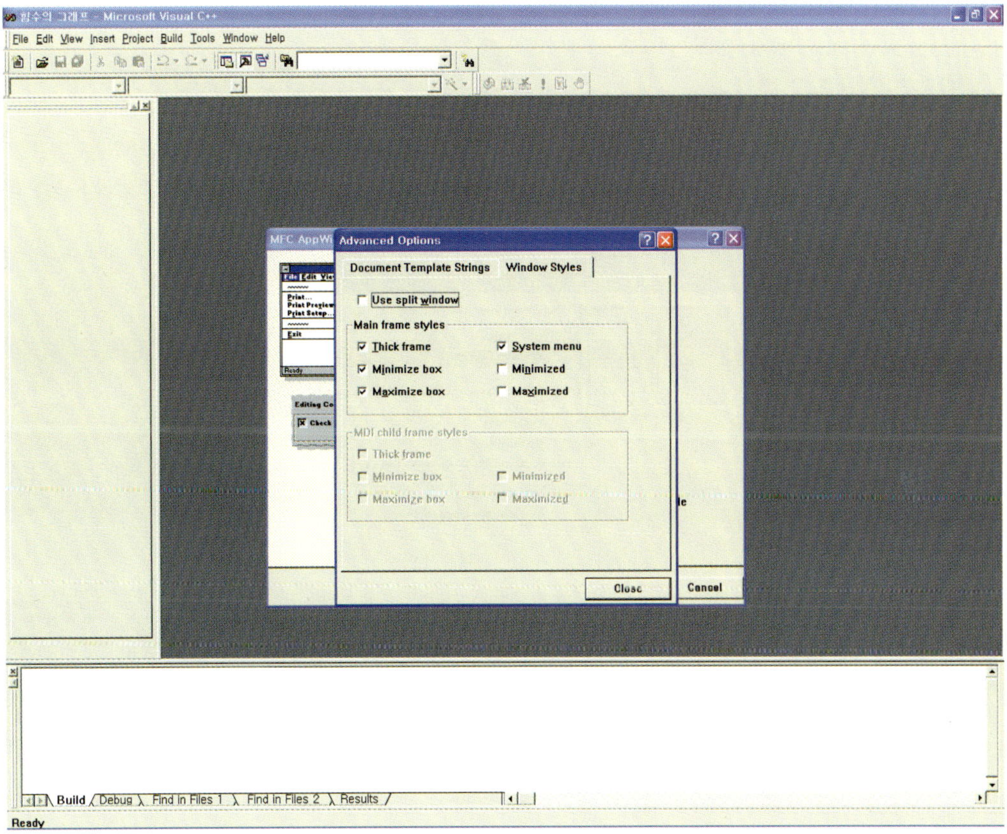

과 같이 된다.

화면 중간 쯤에 "Main frame styles"가 있다. 몇 가지 옵션이 있는데 "Minimized"와 "Maximized"은 프로그램을 실행시키면 생성되는 "main frame 창"을 기본적으로 어떤 크기로 시작할 것인지 설정한다. "Maximized"을 설정하여 주면 프로그램이 실행된 후에 최대 크기의 "main frame 창"이 만들어지고, "Minimized"을 설정하여 주면 프로그램이 실행된 후에 최소 크기의

"main frame 창"이 만들어진다.

"Maximized"를 설정해 준 후 "Close" 단추를 누른다. 그러면 다시 "MFC AppWizard - Step 4 of 6" 대화 상자로 되돌아온다.

다음 단계로 진행하기 위해 "Next >" 단추를 누른다. 그러면 아래의 "MFC AppWizard - Step 5 of 6" 대화상자

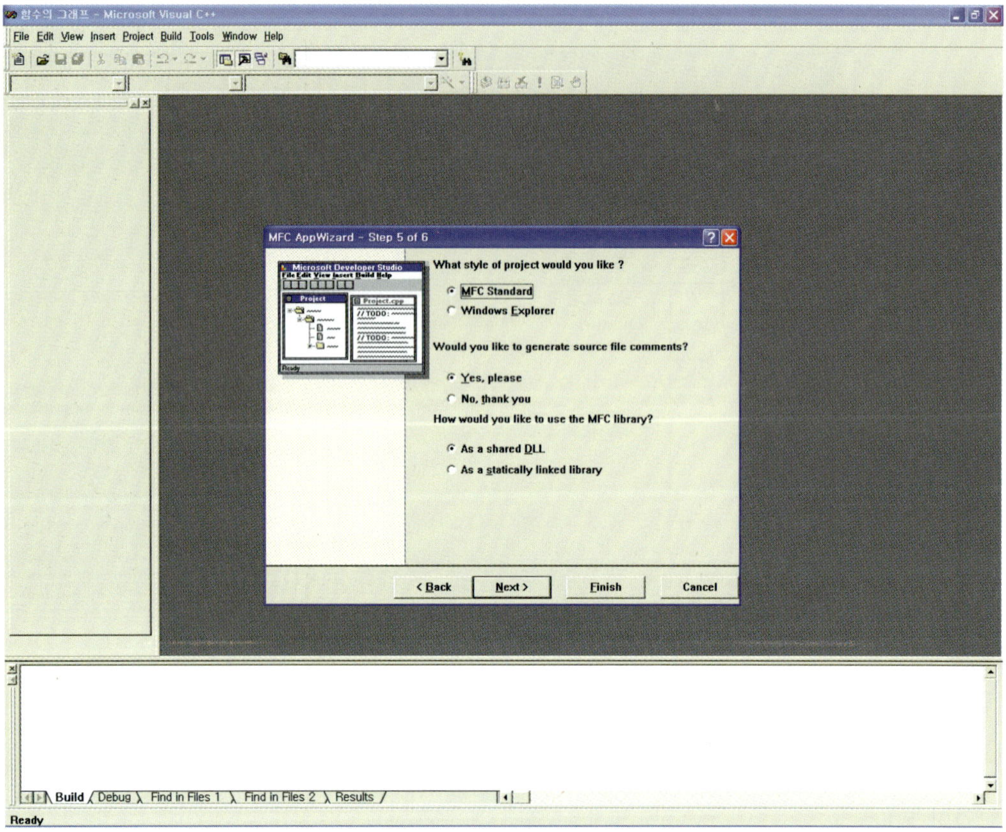

가 나타난다. 이 단계는 사실상 프로젝트 생성을 위한 옵션 선택의 마지막 단계라고 할 수 있다.

"What style of project would you like?"이라는 질문에 "MFC Standard"가 default 으로 선택되어 있다. 이것은 응용 프로그램에 하나의 view 를 보여 준다. "Windows Explorer"는 프로젝트의 스

타일이 Windows 의 익스플로러와 매우 비슷해서 붙여진 이름이다. 이것은 "MFC Standard"와는 달리 정적 분할 window 를 수직으로 나누어 view 가 별도로 나타나게 한다.

2 번째로 "Would you like to generate source file comments"이라는 질문에 "Yes, please"가 default 으로 선택되어 있다. 이 옵션은 소스 코드에 주석문을 표시하는 기능을 한다. 주석을 달면 AppWizard 에 의해 만들어지는 함수 내부에 어떤 코드를 써야 할 지 알 수 있으므로 코딩할 때 상당히 도움이 된다.

3 번째 선택사항인 "How would you like to use the MFC library?"은 응용 프로그램이 MFC 라이브러리에 연결되는 방식을 선택하는 것이다. MFC 라이브러리를 프로그램에 연결하는 방법에는 정적인 연결과 동적인 연결의 두 가지가 있다. 정적으로 연결할 경우 프로그램의 단독 실행이 가능하지만 프로그램의 크기가 커진다. 동적으로 연결할 경우 프로그램의 크기가 줄어들므로 보통은 동적으로 연결한다.

이 단계에서도 변경할 것은 없다.

다음 단계로 넘어가기 위해 "Next >" 단추를 누른다. 그러면 아래의 "MFC AppWizard - Step 6 of 6" 대화 상자

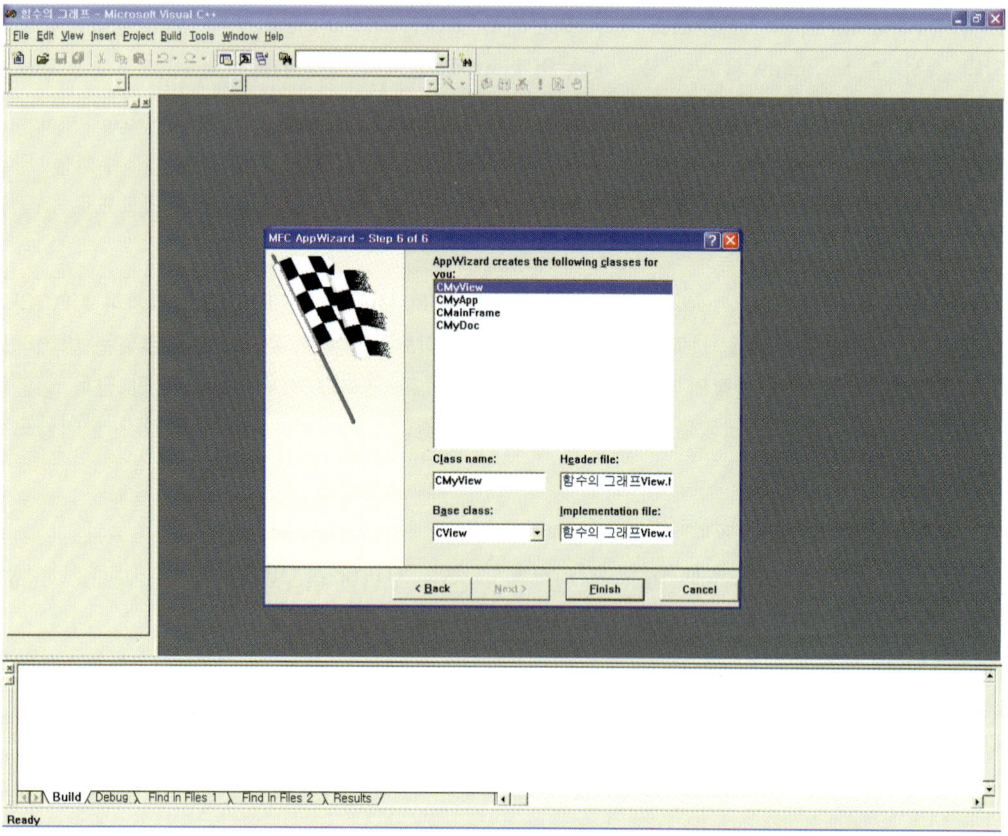

가 나타난다. 이 단계는 AppWizard 가 생성할 클래스들에 대해, 각 클래스의 이름, base class, 헤더 파일, 구현 파일을 보여 준다.

위의 화면에 나타나 있는 것처럼 CMyView 클래스에 대해, base 클래스는 CView 클래스이고, 헤더 파일은 "함수의 그래프 View.h"이며, 구현 파일은 "함수의 그래프 View.cpp"이다. 또한 CMyView 클래스 아래에 있는 CMyApp 클래스에 대해, base 클래스는 CWinApp 클래스이고, 헤더 파일은 "함수의 그래프.h"이며, 구현 파일은 "함수의 그래프.cpp"이다. CMyApp 클래스 아래에 있는 CMainFrame 클래스에 대해, base 클래스는 CFrameWnd 클래스이고, 헤더 파일은 "MainFrm.h"이며, 구현 파일은 "MainFrm.cpp"이다. 마지막으로 CMainFrame 클래스 아래에 있는 CMyDoc 클래스에 대해, base 클래스는 CDocument 클래스이고, 헤더 파일은 "함수의 그래프 Doc.h"이며, 구현 파일은 "함수의 그래프 Doc.cpp"이다. 사용자는 이 단계에서 응용 프로그램의 클래스들의 이름을 바꿀 수 있다.

이 단계에서도 변경할 것이 없다.

이제 모든 설정을 완료하기 위해 "Finish" 단추를 누르면 아래의 "New Project Information" 대화 상자

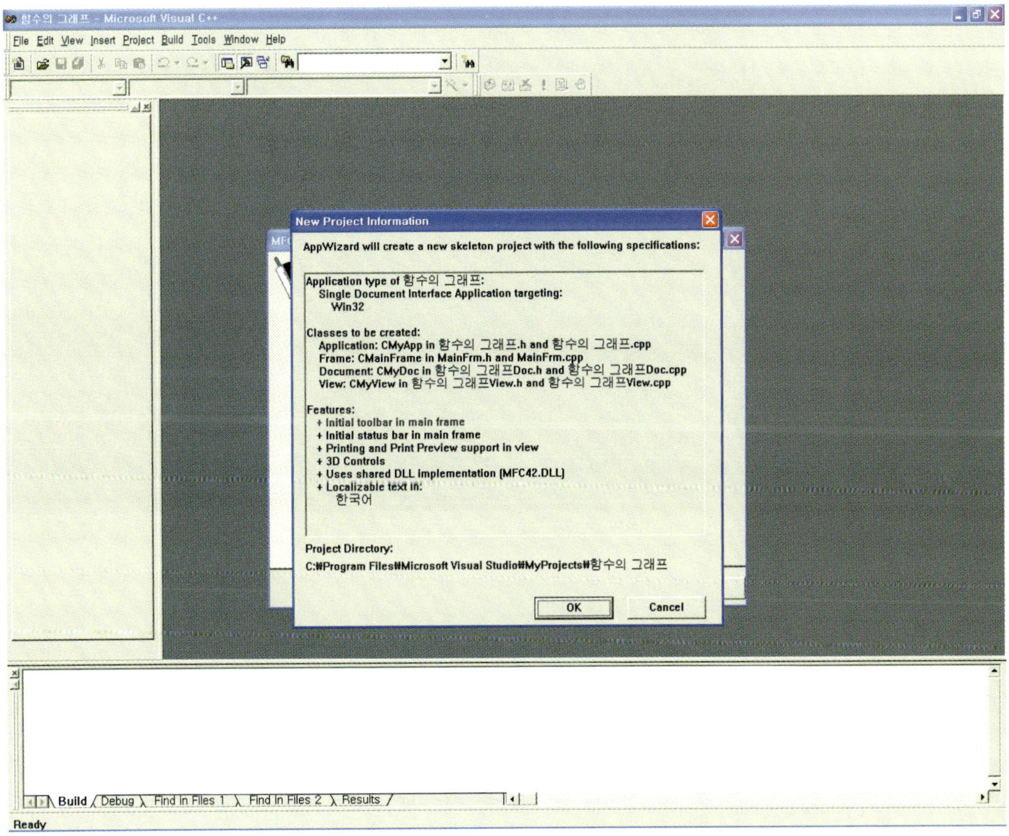

가 나타난다.

위의 대화 상자의 안에 있는 내용들을 천천히 살펴보아라. 무엇을 뜻하는지 잘은 몰라도 낯이 익은 내용들이라는 것을 알 수 있다. 이 대화 상자는 지금까지 우리가 선택하였던 여러 가지 선택 사항들을 바탕으로 하여, 생성할 skeleton project 의 specifications 를 보여준다. 여러 가지 내용들이 나타나 있다.

위의 화면과 비교해 보고 이상이 없으면 "OK" 단추를 누른다. 그러면 아래 화면

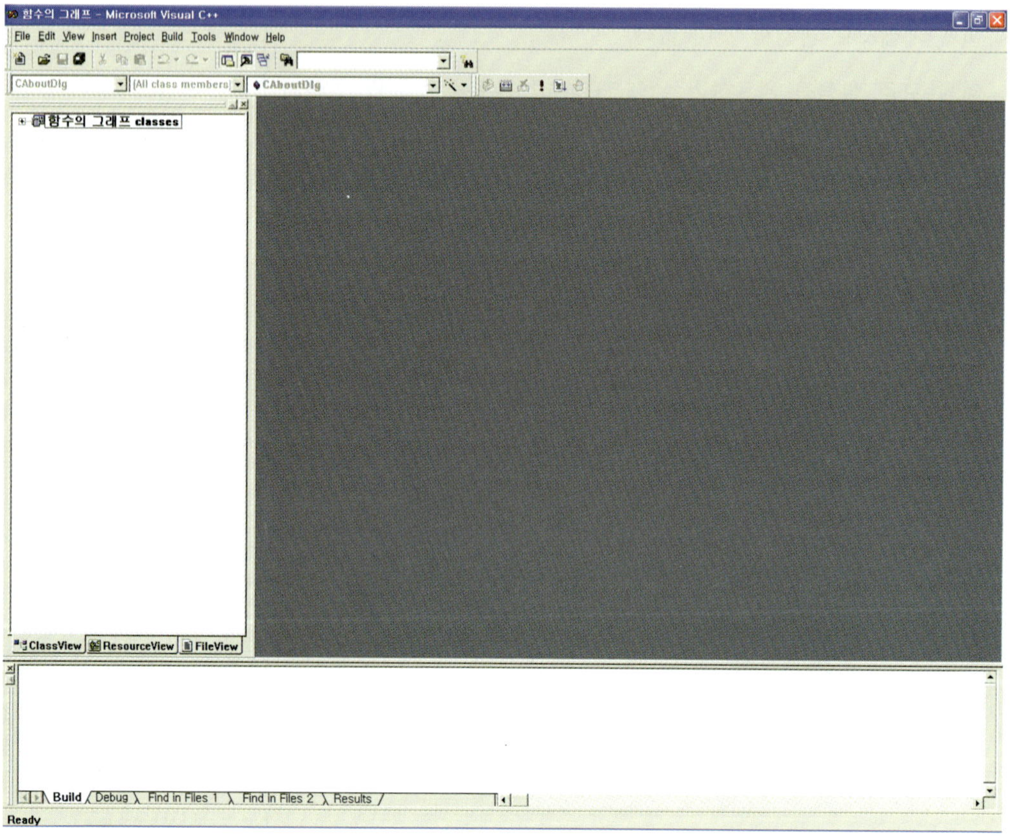

이 나타난다.

처음 "Visual C++ 6.0"을 실행시켰을 때와 비교하여 보아라. "ClassView", "ResourceView", "FileView"의 세 가지 탭을 갖는 "Project Workspace 창"이 나타났다. "ClassView"가 default 으로 선택되어 있다.

"ClassView"는 클래스들과 클래스들의 멤버들을 보여준다. 클래스의 멤버들을 표시하려면 클래스 아이콘을 더블클릭하거나 아이콘 아래의 "+" 기호를 클릭한다.

"ResourceView"는 프로젝트에 포함되어 있는 리소스 파일들을 표시한다. 폴더를 펼치면 리소스 유형을 알 수 있다.

"FileView"는 프로젝트와 관련되어 있는 파일들을 표시한다. 우리는 "FileView"를 통해 프로젝트와 project workspace 에 포함된 파일들의 관계를 알 수 있는데, 이 관계는 물리적인 관계가 아니라 논리적인 관계이다.

"FileView"를 클릭한다. 그러면 "Project Workspace 창"이 아래의 화면

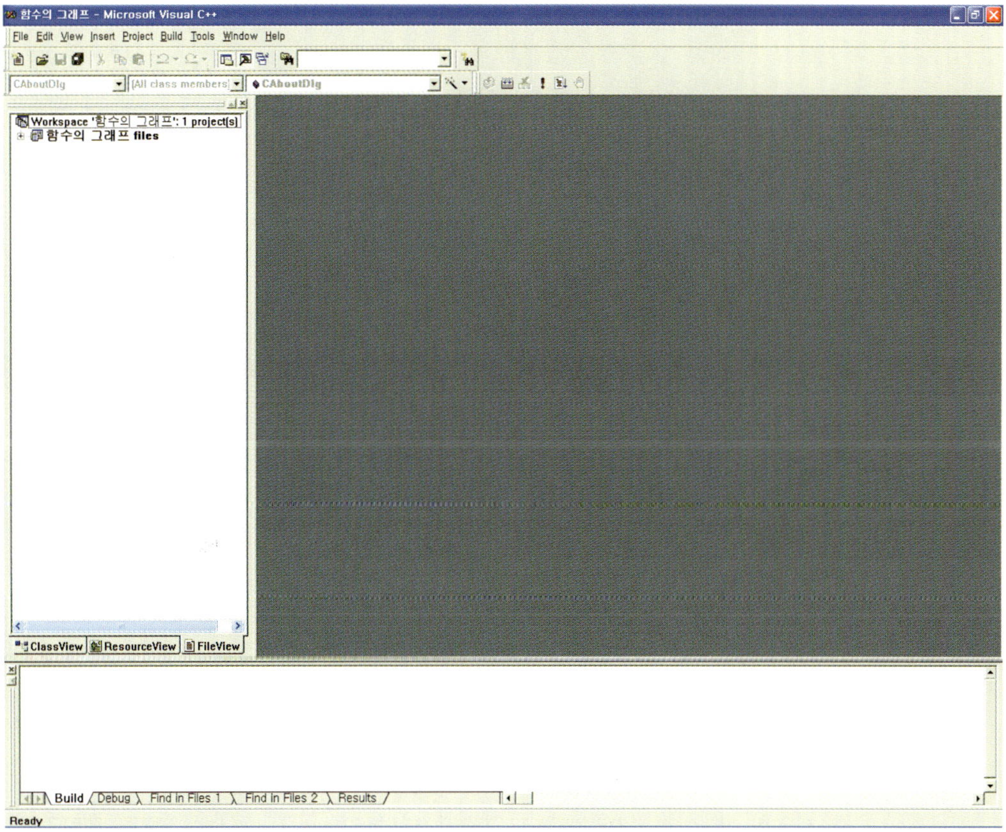

처럼 바뀐다.

"함수의 그래프 files" 앞에 "+" 기호가 있다. 이걸 클릭하여 트리 구조를 펼치면 아래의 화면

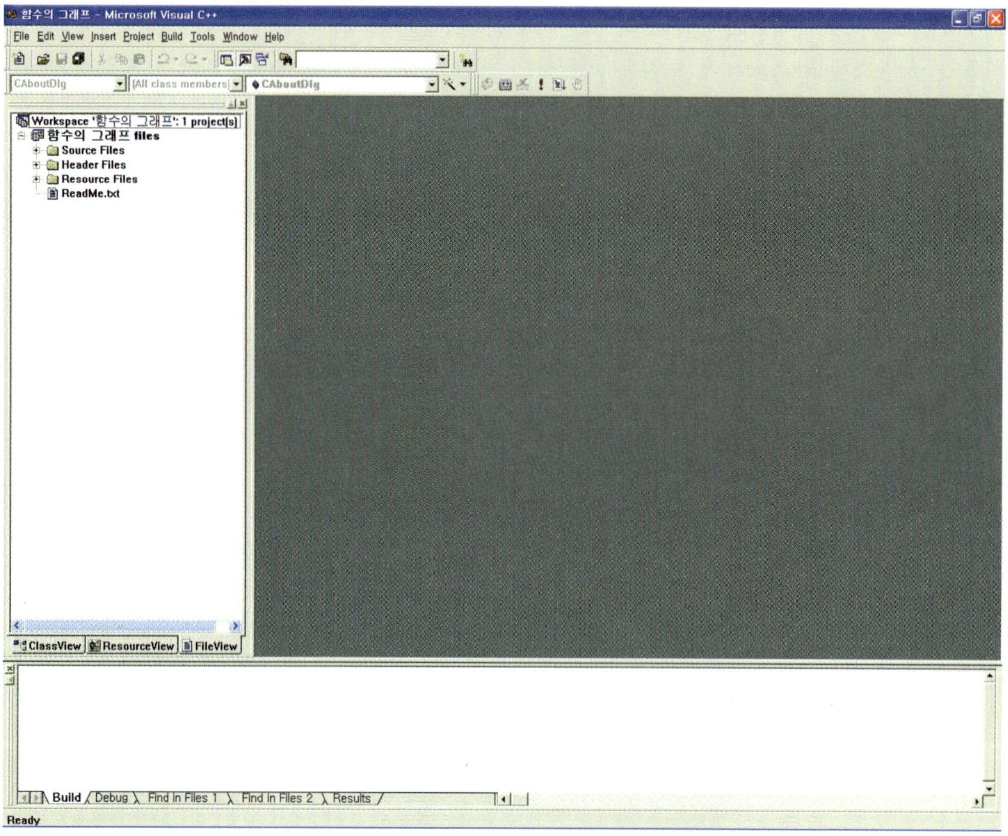

이 나타난다.

"Source Files", "Header Files", "Resource Files", "ReadMe.txt"의 네 가지 하위 항목이 있는 것을 볼 수 있다.

"ReadMe.txt"를 제외한 세 항목 앞에는 "+" 기호가 있다. "ReadMe.txt"에는 응용 프로그램을 구성하는 여러 파일들에 관하여 간단한 설명이 들어 있다. 한 번쯤 이 파일을 읽어 보는 것도 좋을 것이다.

"Source Files" 앞에 있는 "+" 기호를 클릭한다. 그러면 아래의 화면

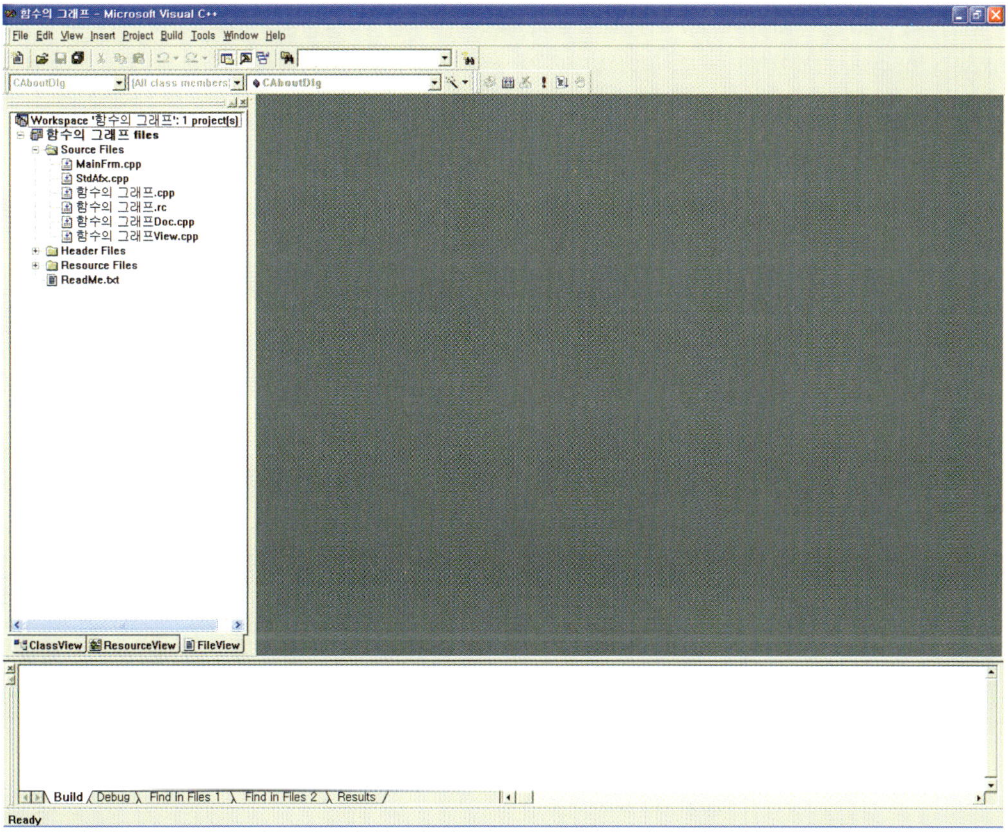

처럼 확장자가 rc 인 파일 하나와 확장자가 cpp 인 파일 몇 개가 보일 것이다.

"함수의 그래프.cpp"는 CMyApp 클래스를 포함하는 main source 파일이다.

"함수의 그래프.rc"는 프로그램이 사용하는 모든 윈도우즈 리소스들의 목록이다. 이 파일은 res 하위폴더에 저장되어 있는 아이콘, 비트맵, 커서를 포함한다. Visual C++에서 직접 이 파일을 편집할 수 있다. 참고로 res 하위폴더에 "함수의 그래프.rc2"가 있는데, 이 파일은 Visual C++에 의해 편집되지 않는 리소스들을 포함한다.

"MainFrm.cpp"는 CMainFrame frame 클래스를 포함한다.

"함수의 그래프 Doc.cpp"는 CMyDoc 클래스를 포함한다.

"함수의 그래프 View.cpp"는 CMyView 클래스를 포함한다.

위의 파일들 중에서 우리가 최종적으로 선택하여야 할 파일은? 처음에 입력했던 프로젝트 이름인 "함수의 그래프"의 바로 뒤에 View 가 붙어 있고 확장자가 cpp 인 파일, 즉 "함수의 그래프 View.cpp"이다.

"함수의 그래프 View.cpp"을 더블 클릭하여라. 그러면 아래의 화면

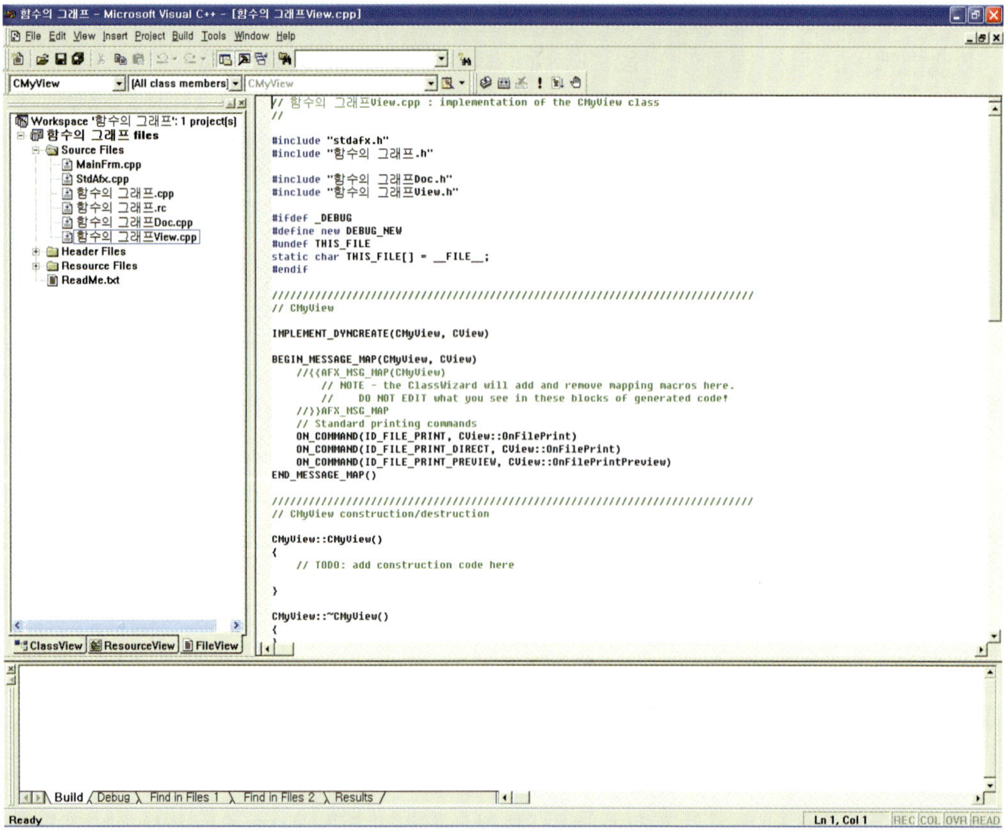

과 같이 "Source Windows"에 "함수의 그래프 View.cpp"의 소스 코드가 나타난다.

드디어 우리에게 필요한 프로젝트가 생성되었고, 우리가 작업할 "Source Windows"도 준비되었다.

main 메뉴 중 "Build" 메뉴를 클릭한 다음 "Rebuild All" 명령을 실행시켜라. 그러면 생성된 프로젝트가 컴파일과 링크 과정을 거치게 되어 실행 파일이 만들어진다. "Rebuild All" 명령은

프로젝트의 모든 파일들을 빌드한다.

참고로 개발환경(development environment) 외부에서 프로그램을 빌드하려면, 명령 프롬프트(command prompt)나 makefile 에서 빌드 옵션을 지정한다. CL.EXE 는 Microsoft C 와 C++ 컴파일러와 링커를 조정하는 32bit 도구이다. 컴파일러는 Common Object File Format(COFF) object(.OBJ) 파일들을 생성하고, 링커는 실행파일들이나 dynamic-link libraries(DLLs)를 생성한다.

"Build" 메뉴를 다시 클릭한 다음, "Execute 함수의 그래프.exe" 명령을 실행시킨다. 그러면 "AppWizard"에 의해 생성된 프로젝트의 실체(?)가 드러난다. 아래의 화면

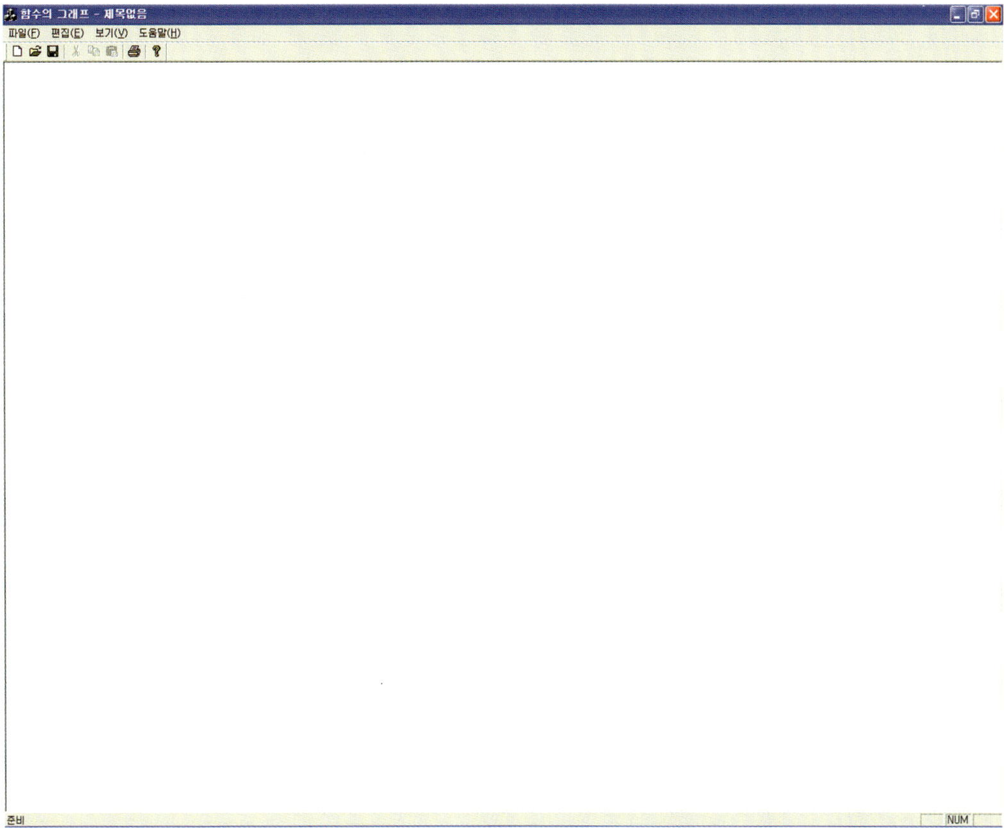

처럼 되어야 한다.

"Source Windows"에 자동으로 작성된 소스 코드는 다음과 같다.

여기에서 중요한 건 OnDraw 함수이다. 우리가 앞으로 작성하는 코드의 대부분은 이 함수의 내부에 놓인다.

2.3.2 소스 코드

```
// 함수의 그래프View.cpp : implementation of the CMyView class
//

#include "stdafx.h"
#include "함수의 그래프.h"

#include "함수의 그래프Doc.h"
#include "함수의 그래프View.h"

#ifdef _DEBUG
#define new DEBUG_NEW
#undef THIS_FILE
static char THIS_FILE[] = __FILE__;
#endif

/////////////////////////////////////////////////////////////////////////////
// CMyView

IMPLEMENT_DYNCREATE(CMyView, CView)

BEGIN_MESSAGE_MAP(CMyView, CView)
	//{{AFX_MSG_MAP(CMyView)
		// NOTE - the ClassWizard will add and remove mapping macros here.
		//    DO NOT EDIT what you see in these blocks of generated code!
	//}}AFX_MSG_MAP
	// Standard printing commands
	ON_COMMAND(ID_FILE_PRINT, CView::OnFilePrint)
	ON_COMMAND(ID_FILE_PRINT_DIRECT, CView::OnFilePrint)
	ON_COMMAND(ID_FILE_PRINT_PREVIEW, CView::OnFilePrintPreview)
END_MESSAGE_MAP()

/////////////////////////////////////////////////////////////////////////////
// CMyView construction/destruction
```

```
CMyView::CMyView()
{
    // TODO: add construction code here

}

CMyView::~CMyView()
{
}

BOOL CMyView::PreCreateWindow(CREATESTRUCT& cs)
{
    // TODO: Modify the Window class or styles here by modifying
    //  the CREATESTRUCT cs

    return CView::PreCreateWindow(cs);
}

/////////////////////////////////////////////////////////////////////////////
// CMyView drawing

void CMyView::OnDraw(CDC* pDC)
{
    CMyDoc* pDoc = GetDocument();
    ASSERT_VALID(pDoc);
    // TODO: add draw code for native data here
}

/////////////////////////////////////////////////////////////////////////////
// CMyView printing

BOOL CMyView::OnPreparePrinting(CPrintInfo* pInfo)
{
    // default preparation
    return DoPreparePrinting(pInfo);
}

void CMyView::OnBeginPrinting(CDC* /*pDC*/, CPrintInfo* /*pInfo*/)
{
    // TODO: add extra initialization before printing
}
```

```
void CMyView::OnEndPrinting(CDC* /*pDC*/, CPrintInfo* /*pInfo*/)
{
    // TODO: add cleanup after printing
}

/////////////////////////////////////////////////////////////////////////////
// CMyView diagnostics

#ifdef _DEBUG
void CMyView::AssertValid() const
{
    CView::AssertValid();
}

void CMyView::Dump(CDumpContext& dc) const
{
    CView::Dump(dc);
}

CMyDoc* CMyView::GetDocument() // non-debug version is inline
{
    ASSERT(m_pDocument->IsKindOf(RUNTIME_CLASS(CMyDoc)));
    return (CMyDoc*)m_pDocument;
}
#endif //_DEBUG

/////////////////////////////////////////////////////////////////////////////
// CMyView message handlers
```

제 2 부 2 차원 컴퓨터 그래픽

3 차원 그래픽을 공부하기에 앞서 일단은 2 차원 그래픽에 익숙해지는 것이 좋을 것이다. 따라서 우선은 제 2 부를 통해 2 차원 그래픽을 구현해 볼 것이다. 그리고 제 3 부에서 3 차원 그래픽을 공부한다.

一變數函數(일변수함수) $y = f(x)$의 그래프를 프로그램으로 구현하는 것은 그리 어렵지 않다. 문제는 옆의 그림과 같은 二變數函數(이변수함수) $z = f(x, y)$의 그래프를 구현하는 것이다. 제 2 부에서는 2 차원 컴퓨터 그래픽을 공부하는 것이므로 一變數函數(일변수함수)만 다룬다. 제 2 부에서 우리는 직교좌표계와 극좌표계에서 여러 가지 수학 함수 그래프를 그려볼 것이다.

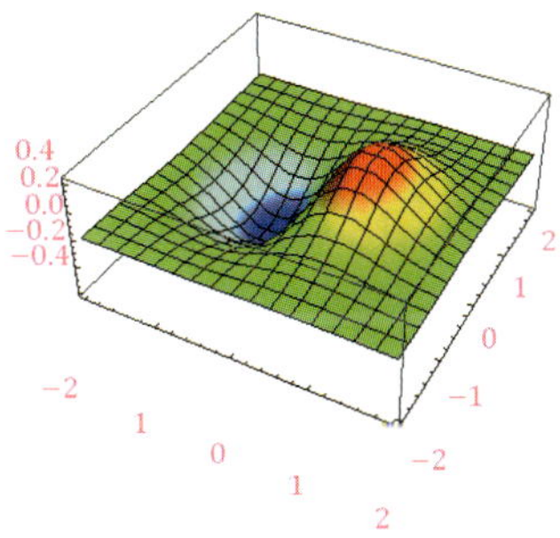

1 함수의 그래프

1.1 개론

MFC 를 이용해서 함수의 그래프를 그려 보자. 물론 수학 공부하는 것이 주된 목적이 아니다. 주된 목적은 컴퓨터 그래픽을 구현하기 위한 프로그래밍을 익히는 것이다.

본격적으로 그래픽 프로그래밍 공부를 시작하기 전에 용어에 대한 개념을 익히도록 하자.

디바이스 컨텍스트(device context)는 디스플레이나 프린터와 같은 장치의 그리기 특성(drawing attributes)에 대한 정보가 포함된 Windows 데이터 구조이다. 모든 그리기는 선, 모양 및 텍스트 그리기용 Windows API 를 캡슐화한 디바이스 컨텍스트 개체(device-context object)를 통해 호출된다. 디바이스 컨텍스트를 사용하면 Windows 에 장치 독립적으로 그릴 수 있다. 디바이스 컨텍스트를 사용하여 화면, 프린터 또는 메타 파일에 그릴 수 있다.

텍스트를 출력하는 TextOut 함수나 타원을 그리는 Ellipse 함수는 화면 상에 그려질 위치를 parameter 으로 받는다. 이와 같이 parameter 으로 전달되는 좌표를 논리 좌표(logical coordinates)라고 한다.

그런데 텍스트나 도형 등이 화면에 출력될 때, Windows 는 논리 좌표를 장치에서 사용하는 물리적 화소 좌표(physical pixel coordinates)로 변환한다. 이때 논리 좌표에서 물리적 좌표로 변환되는 방식은 매핑 모드(mapping mode)에 의해서 결정된다. 즉 매핑 모드란 그래픽을 출력하는 함수에서 사용한 좌표계가 실제로 모니터와 같은 출력 장치에서 어떤 식으로 해석될 것인지 관계를 맺어주는 것이다.

본격적으로 시작하기에 앞서 화면 해상도 설정을 언급하려고 한다. 요즘 Full HD 를 지원하는 TV 이나 컴퓨터 모니터가 인기를 끌고 있다. Full HD 의 TV 해상도는 1920X1080 화소이다. 모니터는 1920X1200 화소까지 지원하고 있다. 필자는 모니터의 화면 해상도를 1920X1200 화소로 설정했다. 따라서 독자가 사용하는 모니터의 설정이 필자의 설정과 다르다면 실행 결과가 일부 잘려서 화면상에 나타나지 않을 수 있다. 그럴 때는 독자의 모니터 설정을 바꾸거나 프로그램을 적절히 수정하면 된다.

그럼 이제 시작하자. 직교좌표계와 극좌표계에서 각각 그래프를 그려볼 것이다.

1.2 직교좌표계(rectangular coordinate system)

1.2.1 이론

구간 [−10,10]에서 $f(x) = \cos x - x$의 그래프를 그려보자.

"일변수함수"라는 이름의 프로젝트를 하나 만들어라.

마우스 그리기(mouse drawing)를 제외하면 응용 프로그램에서 대부분의 그리기는 뷰의 OnDraw 멤버 함수에서 발생하므로 뷰 클래스에서 이 함수를 재정의해야 한다. 즉 OnDraw 함수 내부에 우리가 그래프를 그리기 위해 필요한 코드를 첨가한다. 다만 수학 함수를 사용하기 위해 필요한 아래의 문장(statement)

```
#include <math.h>
```

은 전체 코드의 위 부분에 위치시킨다. 보통의 프로그램에서 위의 문장은 main 함수 외부에 위치해야 하므로, main 함수와 비슷한 역할을 하는 OnDraw 함수 외부에 위치시켜야 하는 것이다. 필자는 아래의 문장들

```
// 일변수함수View.cpp : implementation of the CMyView class
//

#include "stdafx.h"
#include "일변수함수.h"

#include "일변수함수Doc.h"
#include "일변수함수View.h"
```

바로 아래가 가장 좋은 위치라고 생각한다.

기본적으로 모니터 화면 좌표계에서는 화면의 좌상단 모서리가 원점(origin)이다. 이 점에서 우측으로 이동하면 x 값이 증가하고, 아래로 이동하면 y 값이 증가한다. 즉 화면 좌표계는 우리가 일반적으로 사용하는 수학적·물리적 좌표계와 다른 면이 있다. 화면 좌표계의 이러한 기본 설정을 바꾸는 code fragment 는

```
CRect rect;
pDC->SetMapMode(MM_LOMETRIC);
GetClientRect(&rect);
pDC->SetViewportOrg(rect.Width()/2, rect.Height()/2);
```

이다.

SetMapMode 함수는 매핑 모드를 설정하는 함수이다. 매핑 모드를 어떤 걸로 설정하느냐에 따라서, 논리 단위(logical units)를 장치 단위(device units)로 변환하는 데에 사용되는 척도 단위(the unit of measure)와 장치의 x 축과 y 축의 orientation 이 결정된다. GDI 는 논리 좌표를 적절한 장치 좌표로 변환하기 위해 매핑 모드를 사용한다. SetMapMode 함수의 원형은

```
virtual int SetMapMode( int nMapMode );
```

이다.

새로운 매핑 모드를 지정하는 nMapMode parameter 에는

parameter	논리 단위	좌표축의 증가 방향	
		x 축	y 축
MM_HIENGLISH	0.001inch	오른쪽	위
MM_HIMETRIC	0.01mm	오른쪽	위
MM_LOENGLISH	0.01inch	오른쪽	위
MM_LOMETRIC	0.1mm	오른쪽	위
MM_TEXT	화소	오른쪽	아래
MM_TWIPS	$\frac{1}{1440}$inch	오른쪽	위
MM_ISOTROPIC	임의	선택 가능	선택 가능
MM_ANISOTROPIC	임의	선택 가능	선택 가능

와 같이 여덟 가지가 올 수 있다.

default 매핑 모드는 MM_TEXT 이다. 그런데 이 모드는 커다란 단점을 가지고 있다. 보기를 들어 MM_TEXT 모드로 설정하여 동일한 모니터에서 456X123 화소의 사각형을 출력한다고 하자. 이때 모니터에 출력되는 사각형의 크기가 화면 해상도에 따라 다르게 된다. 물론 우리는 이런 문제점을 아주 간단하게 해결할 수 있다. MM_HIENGLISH, MM_HIMETRIC, MM_LOENGLISH 와 같이 단위가 inch 이거나 mm 인 매핑 모드를 사용하면 된다.

매핑 모드를 설정하였으면 화면 상의 적절한 위치에 원점을 정한다. 이 기능을 하는 함수는 SetViewportOrg 이다.

SetViewportOrg 함수는 디바이스 컨텍스트(device context)의 뷰포트 원점을 설정한다. 원형으로는

```
virtual CPoint SetViewportOrg( int x, int y );
virtual CPoint SetViewportOrg( POINT point );
```

가 가능한데, 우리는 첫번째를 사용할 것이다. x parameter 는 viewport 의 원점의 x 좌표를 지정하고, y parameter 는 viewport 의 원점의 y 좌표를 지정한다. x parameter 와 y parameter 의 값들은 장치 좌표계의 범위 이내여야 한다.

필자는 클라이언트 영역의 중간 쯤에 원점을 설정하였다.

생성된 창에 좌표축을 그리기 위해 LineTo 함수를 썼다.

LineTo 함수의 원형으로는

```
BOOL LineTo( int x, int y );
BOOL LineTo( POINT point );
```

가 가능한데 이번에도 첫번째를 사용할 것이다. LineTo 함수는 현재 위치에서 지정된 점까지 선을 그리는 함수인데 x parameter 는 x 좌표를 지정하고, y parameter 는 y 좌표를 지정한다.

그런데 LineTo 함수를 쓰기 전에 MoveTo 함수를 사용하여 선의 시작점으로 위치를 옮겨야 한다.

MoveTo 함수도 LineTo 함수처럼 두 가지의 원형

```
CPoint MoveTo( int x, int y );
CPoint MovoTo( POINT point );
```

이 가능하다. 역시 위의 두 가지의 원형 중에서 첫번째만 사용할 것이다.

MoveTo 함수와 LineTo 함수를 사용하여 좌표축을 그린 후에는, sprintf 함수와 TextOut 함수를 사용하여 x 축에 −5부터 5 까지 0.5 씩 증가하는 좌표값을 표시하였다.

그리고 SetTextAlign 함수를 사용하여 지정된 점을 기준으로 정렬을 하였다. 이 함수의 원형은

```
UINT SetTextAlign( UINT nFlags );
```

와 같다.

nFlags parameter 으로써 세 범주(category) 중 하나 이상의 flags 를 쓸 수 있는데, 한 범주에서 둘 이상의 flags 를 선택할 수는 없다.

첫 번째 범주

parameter	설 명
TA_CENTER	경계 사각형의 수평 중심에 점을 할당한다.
TA_LEFT	default 값으로, 경계 사각형의 left side 에 점을 할당한다.
TA_RIGHT	경계 사각형의 right side 에 점을 할당한다.

는 x 방향에서 텍스트 정렬을 한다.

두 번째 범주

parameter	설 명
TA_BASELINE	선택된 글꼴의 base line 에 점을 할당한다.
TA_BOTTOM	경계 사각형의 바닥에 점을 할당한다.
TA_TOP	default 으로, 경계 사각형의 천장에 점을 할당한다.

는 y 방향에서 텍스트 정렬을 한다.

세 번째 범주

parameter	설 명
TA_NOUPDATECP	default 으로, 텍스트 출력 함수에 호출 후 현재 위치를 갱신(update)하지 않는다.
TA_UPDATECP	응용 프로그램이 TextOut 을 호출할 때 현재 위치를 갱신할 필요가 있다면, 그 응용 프로그램은 이 parameter 으로 설정된 SetTextAlign 을 호출할 수 있다. 이 flag 가 설정될 때, Windows 는 TextOut 호출에서 지정된 좌표들을 무시한다.

는 텍스트가 쓰여질 때 현재 위치가 갱신되는지 여부를 결정한다.

위에서 경계 사각형은 텍스트에 인접한 문자 cells 에 의해 형성되는데, flags 은 지정된 점과 이 사각형 사이의 관계를 지정한다.

마지막으로 SetPixel 함수로 $f(x)$의 그래프를 plot 한다.

SetPixel 함수도 두 가지의 원형

```
COLORREF SetPixel( int x, int y, COLORREF crColor );
COLORREF SetPixel( POINT point, COLORREF crColor );
```

을 갖는다. 이 함수는 지정된 좌표에 crColor parameter 에 의해 지정된 색깔의 점을 찍는다. 쉽게 짐작할 수 있듯이, x parameter 와 y parameter 는 찍을 점의 x 좌표와 y 좌표를 지정한다. 이 때 점은 클리핑 영역(clipping region)의 안에 들어가도록 지정해야 한다. 만일 점이 클리핑 영역의 바깥에 있으면 함수는 −1을 반환한다.

클리핑이란 특정 영역으로 그리기를 제한하는 것이다. 만약 화면 전체에 표현하는 것이 가능하다면, 큰 문제가 없을 것이다. 하지만 표현할 수 있는 영역이 화면의 일부분이라면 클리핑을 신경써야 한다. 一例(일례)로서 옆의 그림은 문자열 "Hello"가 하트 모양의 영역에 클리핑된 것을 나타낸다.

점 (x_1,y_1)과 (x_2,y_2)을 연결하는 선분을 대각선으로 하는 직사각형이 클리핑 영역이라고 하자. 이 경우에 표현하고자 하는 점 (x,y)이 $\min\{x_1,x_2\}<x<\max\{x_1,x_2\}$

과 min{y_1,y_2}<y<max{y_1,y_2} 중에서 하나라도 만족하지 않는다면 화면에 그릴 필요가 없다.

색깔은 RGB 방식을 이용하는데, RGB 매크로는

```
#define RGB(r, g ,b)  ((DWORD) (((BYTE) (r) | ((WORD) (g) << 8)) | (((DWORD) (BYTE) (b)) << 16)))
```

과 같이 정의되어 있다. argument 에 써 주는 r, g, b 각각의 숫자는 색깔의 빨강(red) 성분, 초록(green) 성분, 파랑(blue) 성분의 상대적 농도(intensity)를 지정해 주는 0 부터 255 까지의 정수이다. 모든 농도가 0 이면 결과는 검정(black)이고, 모든 농도가 255 이면 결과는 하양(white)이다.

한편 그래프가 화면 가득히 차도록 하기 위해, x 축에서는 20mm 가 수학적 좌표 1 에 해당하고 y 축에서는 10mm 가 수학적 좌표 1 에 해당하도록 프로그램을 코딩하였다. 20mm 와 10mm 가 어떻게 해서 나왔는지 알 수 있겠는가?

갑자기 좀 어려워졌다고 느끼는 사람이 많을 것이다. 차근차근 따라오길 바란다. 사실 따지고 보면 별 거 없다.

1.2.2 소스 코드

```
// 일변수함수View.cpp : implementation of the CMyView class
//

#include "stdafx.h"
#include "일변수함수.h"

#include "일변수함수Doc.h"
#include "일변수함수View.h"

#include <math.h>

#ifdef _DEBUG
#define new DEBUG_NEW
#undef THIS_FILE
static char THIS_FILE[] = __FILE__;
#endif

/////////////////////////////////////////////////////////////////////////////
// CMyView
```

```
IMPLEMENT_DYNCREATE(CMyView, CView)

BEGIN_MESSAGE_MAP(CMyView, CView)
	//{{AFX_MSG_MAP(CMyView)
		// NOTE - the ClassWizard will add and remove mapping macros here.
		//    DO NOT EDIT what you see in these blocks of generated code!
	//}}AFX_MSG_MAP
	// Standard printing commands
	ON_COMMAND(ID_FILE_PRINT, CView::OnFilePrint)
	ON_COMMAND(ID_FILE_PRINT_DIRECT, CView::OnFilePrint)
	ON_COMMAND(ID_FILE_PRINT_PREVIEW, CView::OnFilePrintPreview)
END_MESSAGE_MAP()

/////////////////////////////////////////////////////////////////////////////
// CMyView construction/destruction

CMyView::CMyView()
{
	// TODO: add construction code here

}

CMyView::~CMyView()
{
}

BOOL CMyView::PreCreateWindow(CREATESTRUCT& cs)
{
	// TODO: Modify the Window class or styles here by modifying
	//  the CREATESTRUCT cs

	return CView::PreCreateWindow(cs);
}

/////////////////////////////////////////////////////////////////////////////
// CMyView drawing

void CMyView::OnDraw(CDC* pDC)
{
	CMyDoc* pDoc = GetDocument();
```

```
    ASSERT_VALID(pDoc);

    char buffer[200];
    double x, xx, y, yy;

    CRect rect;
    GetClientRect(&rect);
    pDC->SetMapMode(MM_HIMETRIC);
    pDC->SetViewportOrg(rect.Width()/2, 500);

    pDC->MoveTo(-20000, 0);
    pDC->LineTo(20000, 0);
    pDC->MoveTo(0, -13000);
    pDC->LineTo(0, 13000);

    pDC->SetTextAlign(TA_CENTER+TA_TOP);

    double coordinate=-10.0;

    for (int i=-10; i<11; i++)
    {
        sprintf(buffer, "%.1lf", coordinate);
        pDC->TextOut(2000*i, -13, buffer);
        coordinate += 1.0;
    }

    for (x=-20000.0; x<20001.0; x+=1)
    {
        xx = x / 2000.0;
        y = cos(xx) - xx;
        yy = 1000.0 * y;
        pDC->SetPixel((int)x, (int)yy, RGB(255,0,255));
    }
}

/////////////////////////////////////////////////////////////////////////////
// CMyView printing

BOOL CMyView::OnPreparePrinting(CPrintInfo* pInfo)
{
    // default preparation
```

```
    return DoPreparePrinting(pInfo);
}

void CMyView::OnBeginPrinting(CDC* /*pDC*/, CPrintInfo* /*pInfo*/)
{
    // TODO: add extra initialization before printing
}

void CMyView::OnEndPrinting(CDC* /*pDC*/, CPrintInfo* /*pInfo*/)
{
    // TODO: add cleanup after printing
}

/////////////////////////////////////////////////////////////////////////////
// CMyView diagnostics

#ifdef _DEBUG
void CMyView::AssertValid() const
{
    CView::AssertValid();
}

void CMyView::Dump(CDumpContext& dc) const
{
    CView::Dump(dc);
}

CMyDoc* CMyView::GetDocument() // non-debug version is inline
{
    ASSERT(m_pDocument->IsKindOf(RUNTIME_CLASS(CMyDoc)));
    return (CMyDoc*)m_pDocument;
}
#endif //_DEBUG

/////////////////////////////////////////////////////////////////////////////
// CMyView message handlers
```

1.2.3 실행 결과

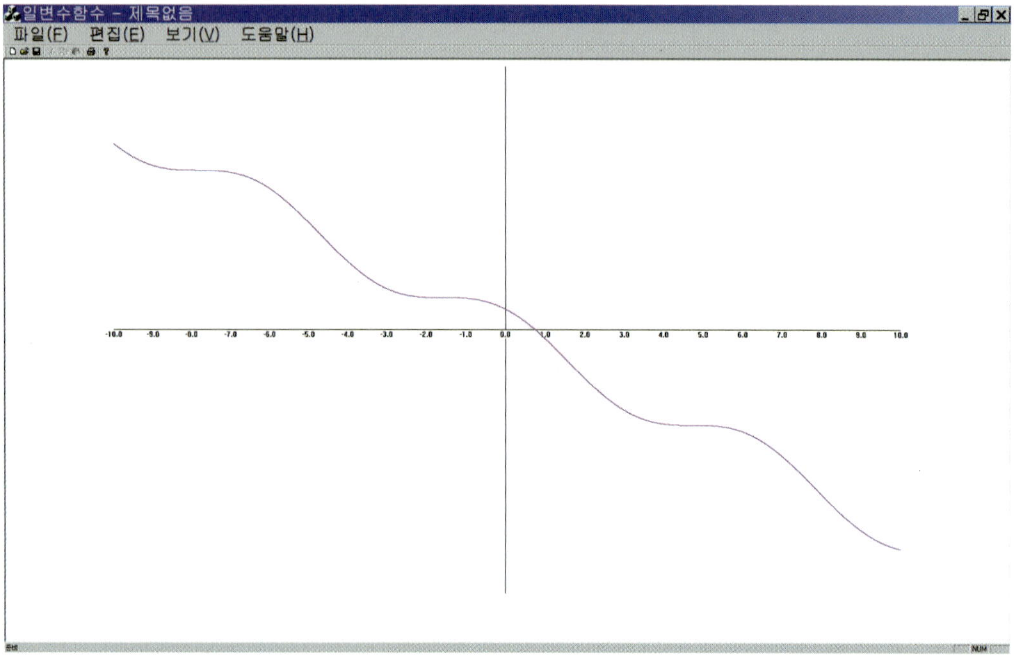

1.3 극좌표계(polar coordinate system)

1.3.1 이론

앞의 section 에서 필자가 너무 많은 것을 설명해서 정신 없었을 것이다. 이제 특별히 설명할 것은 없으니 한숨 돌리기를 바란다. 사실 간단히라도 설명할 사항들이 많기는 한데, 부족한 부분은 독자 여러분께서 Visual C++ 6.0 에 관한 서적을 참고하면 될 것이다.

직교좌표 (x, y)와 극좌표 (r, θ) 사이에는

$$(x, y) = (r\cos\theta, r\sin\theta), \quad (r, \theta) = \left(\sqrt{x^2 + y^2}, \arctan\frac{y}{x}\right)$$

과 같은 관계가 성립한다.

이번에는 petal 곡선을 그려보자.

petal 곡선은 극좌표계에서 $r = a\cos n\theta$으로 표시되는 곡선으로써, n가 홀수이면 n개의 꽃잎이 생기고 n가 짝수이면 $2n$개의 꽃잎이 생긴다. petal 은 꽃잎을 뜻하는 단어다.

코딩할 때에 아래의 문장들

```
#include <math.h>

double X( double r, double theta );
double Y( double r, double theta );
```

은 전체 코드의 위 부분에 위치시키고, 사용자 정의 함수인 X 와 Y 의 정의 부분

```
double X(double r, double theta)
{
    return r*cos(theta);
}

double Y(double r, double theta)
{
    return r*sin(theta);
}
```

은 가장 아래에 위치시킨다.

앞의 section 에서 SetViewportOrg 함수로 설정한 원점은

```
    pDC->SetViewportOrg(rect.Width()/2, 500);
```

에 의하여 클라이언트 영역의 폭에 대해서만 중앙에 위치했다.

그러나 이번 section 에서 SetViewportOrg 함수로 설정한 원점은

```
    pDC->SetViewportOrg(rect.Width()/2, rect.Height()/2);
```

에 의하여 클라이언트 영역의 폭에 대해서뿐만 아니라 클라이언트 영역의 높이에 대해서도 중앙에 위치한다.

만약 원점이 클라이언트 영역의 높이에 대해서만 중앙에 위치하도록 하려면,

```
    pDC->SetViewportOrg(380, rect.Height()/2);
```

와 같은 형태로 코딩하면 된다.

지금까지 잘 따라 왔다면, 프로그램을 이해하는 데에 어려움은 없을 것이다.

1.3.2 소스 코드

```
// petal 곡선View.cpp : implementation of the CPetalView class
//

#include "stdafx.h"
#include "petal 곡선.h"

#include "petal 곡선Doc.h"
#include "petal 곡선View.h"

#include <math.h>

double X( double r, double theta );
double Y( double r, double theta );

#ifdef _DEBUG
#define new DEBUG_NEW
#undef THIS_FILE
static char THIS_FILE[] = __FILE__;
#endif

/////////////////////////////////////////////////////////////////////////////
// CPetalView

IMPLEMENT_DYNCREATE(CPetalView, CView)

BEGIN_MESSAGE_MAP(CPetalView, CView)
	//{{AFX_MSG_MAP(CPetalView)
		// NOTE - the ClassWizard will add and remove mapping macros here.
		//    DO NOT EDIT what you see in these blocks of generated code!
	//}}AFX_MSG_MAP
	// Standard printing commands
	ON_COMMAND(ID_FILE_PRINT, CView::OnFilePrint)
```

```
    ON_COMMAND(ID_FILE_PRINT_DIRECT, CView::OnFilePrint)
    ON_COMMAND(ID_FILE_PRINT_PREVIEW, CView::OnFilePrintPreview)
END_MESSAGE_MAP()

/////////////////////////////////////////////////////////////////////////////
// CPetalView construction/destruction

CPetalView::CPetalView()
{
    // TODO: add construction code here

}

CPetalView::~CPetalView()
{
}

BOOL CPetalView::PreCreateWindow(CREATESTRUCT& cs)
{
    // TODO: Modify the Window class or styles here by modifying
    //  the CREATESTRUCT cs

    return CView::PreCreateWindow(cs);
}

/////////////////////////////////////////////////////////////////////////////
// CPetalView drawing

void CPetalView::OnDraw(CDC* pDC)
{
    CPetalDoc* pDoc = GetDocument();
    ASSERT_VALID(pDoc);

    CRect rect;
    GetClientRect(&rect);
    pDC->SetMapMode(MM_HIMETRIC);
    pDC->SetViewportOrg(rect.Width()/2, rect.Height()/2);

    const double pi=3.1415926535;
    double theta, r, a=11111.1, n=11.0;
```

```
    for(theta=0.0; theta<2.0*pi; theta+=pi/100000.0)
    {
        r = a * cos(n*theta);
        pDC->SetPixel(int(X(r, theta)), int(Y(r, theta)), RGB(0,0,0));
    }
}

/////////////////////////////////////////////////////////////////////////////
// CPetalView printing

BOOL CPetalView::OnPreparePrinting(CPrintInfo* pInfo)
{
    // default preparation
    return DoPreparePrinting(pInfo);
}

void CPetalView::OnBeginPrinting(CDC* /*pDC*/, CPrintInfo* /*pInfo*/)
{
    // TODO: add extra initialization before printing
}

void CPetalView::OnEndPrinting(CDC* /*pDC*/, CPrintInfo* /*pInfo*/)
{
    // TODO: add cleanup after printing
}

/////////////////////////////////////////////////////////////////////////////
// CPetalView diagnostics

#ifdef _DEBUG
void CPetalView::AssertValid() const
{
    CView::AssertValid();
}

void CPetalView::Dump(CDumpContext& dc) const
{
    CView::Dump(dc);
}

CPetalDoc* CPetalView::GetDocument() // non-debug version is inline
```

```
{
    ASSERT(m_pDocument->IsKindOf(RUNTIME_CLASS(CPetalDoc)));
    return (CPetalDoc*)m_pDocument;
}
#endif //_DEBUG

/////////////////////////////////////////////////////////////////////////////
// CPetalView message handlers

double X(double r, double theta)
{
    return r*cos(theta);
}

double Y(double r, double theta)
{
    return r*sin(theta);
}
```

1.3.3 프로그램 실행 결과

1.3.3.1 $n = 11$인 경우

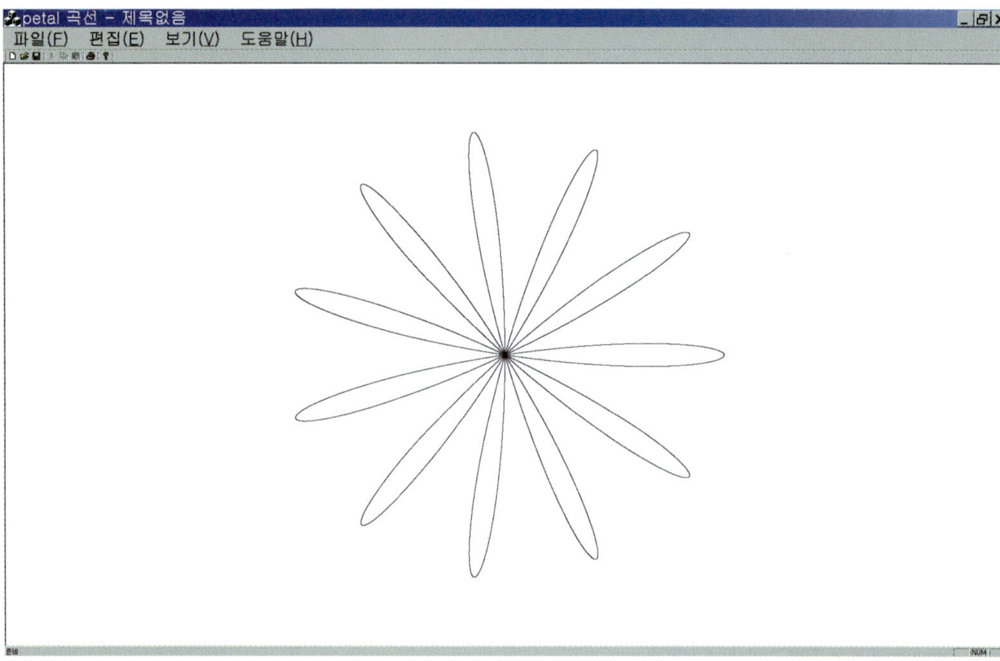

1.3.3.2 $\boldsymbol{n} = \mathbf{4}$인 경우

제 3 부 3 차원 컴퓨터 그래픽

컴퓨터 모니터는 기본적으로 2 차원 평면이지만 실세계의 물체를 나타내기 위해서는 세 개의 좌표가 필요하다. 따라서 세 개의 좌표를 어떻게 두 개의 좌표로 줄일 것인지가 관건이 된다. 사람들은 오래전부터 이것에 대해 연구하였다. 이렇게 3 차원 입체를 평면상에 나타내는 것을 투영(projection)이라고 한다.

일반적으로, 컴퓨터 그래픽 이론에서 등장하는 평면투영을

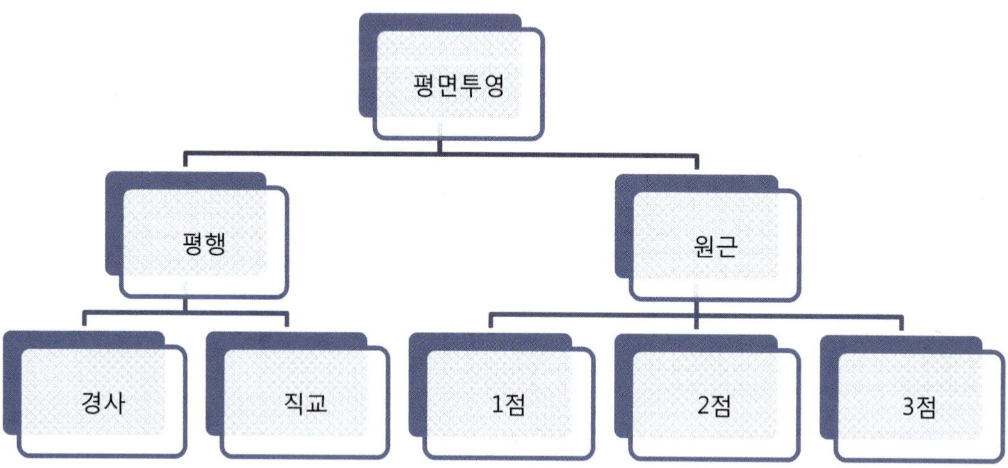

와 같이 나눌 수 있다.

투영의 다른 보기로, 우리가 살고 있는 지구(earth)를 평면에 나타낸 지도를 생각해 볼 수

있다. 아래의 두 그림들

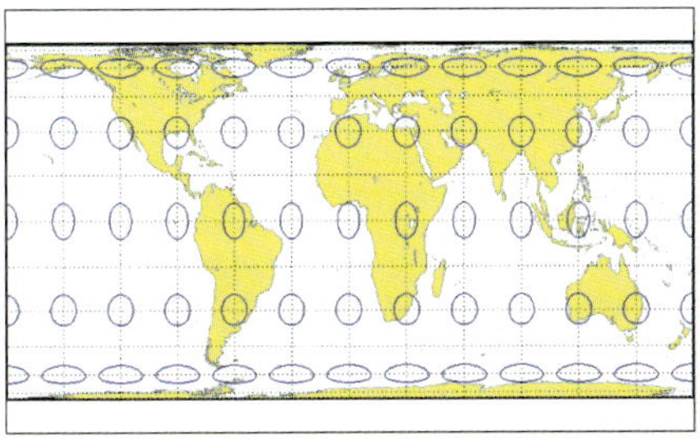

Trystan Edwards Cylindrical Projection

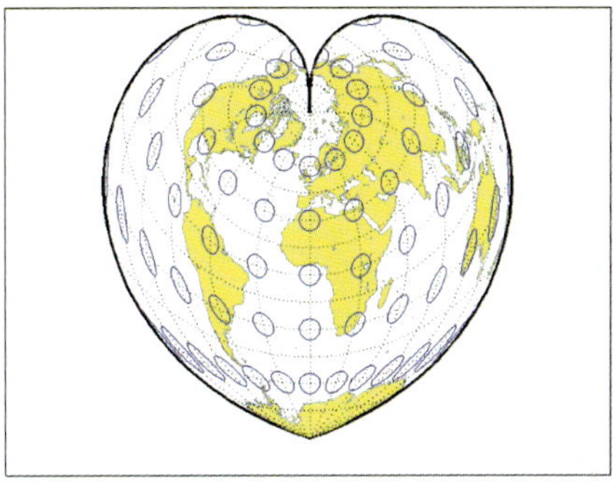

Werner Projection

은 다른 방법으로 투영한 지도를 나타낸다. 위의 그림들과 같이 동일한 입체라도 여러 가지 방법으로 투영할 수 있고 결과적으로 우리가 보게 되는 것들은 다른 모습들을 띤다. 지도 제작에 적용할 수 있는 투영법은 그 가짓수가 매우 많다. 그리고 우리가 공부하고자 하는 컴퓨터 그래픽에서는 필요가 없다.

3 차원 그래픽은 공간에 있는 물체를 대상으로 하기 때문에 2 차원 그래픽에 비해 훨씬 더 복잡한 이론을 요구한다. 2 차원에 비해 단지 하나의 좌표가 추가된 것이 3 차원이지만, 이론의 복잡도는 차이가 많이 난다.

1 기초적 이론

1.1 개론

우리는 우리가 표현하고자 하는 대상물이 보다 실감나게 보이도록 하기 위해 여러 가지 다양한 효과를 줄 수 있다. 하지만 다양한 효과의 상당수는 필수적이라고 할 수 없다. 그렇지만 어떤 대상물을 표현하더라도 투영은 반드시 고려해야 한다. 우선은 대상물이 비례에 맞아야 하지 않겠는가! 컴퓨터 그래픽에 사용되는 투영에는 평행투영(parallel projection)과 원근투영(perspective projection)이 있다.

원근투영은 아래의 그림

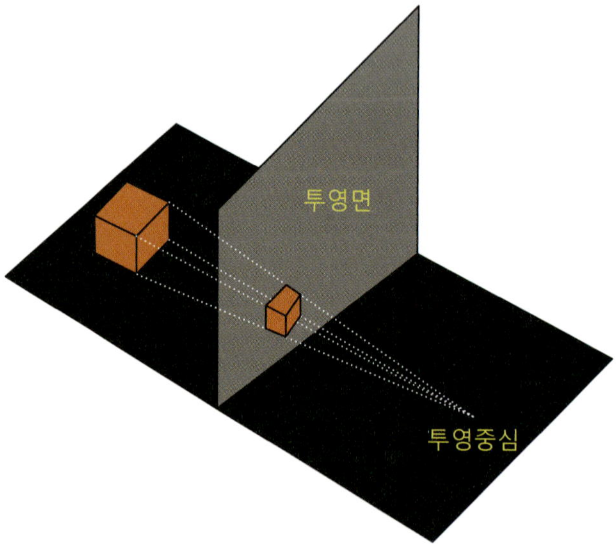

과 같이 투영의 중심(center of projection)이 투영면(projection plane)으로부터 유한한 거리에 위치해 있는 투영이다.

평행투영은 투영의 중심이 무한히 먼 곳에 위치해 있어 모든 투영선들이 서로 평행한 투영

이다. 이러한 평행투영은 경사투영과 직교투영으로 나뉜다. 경사투영은 아래의 그림

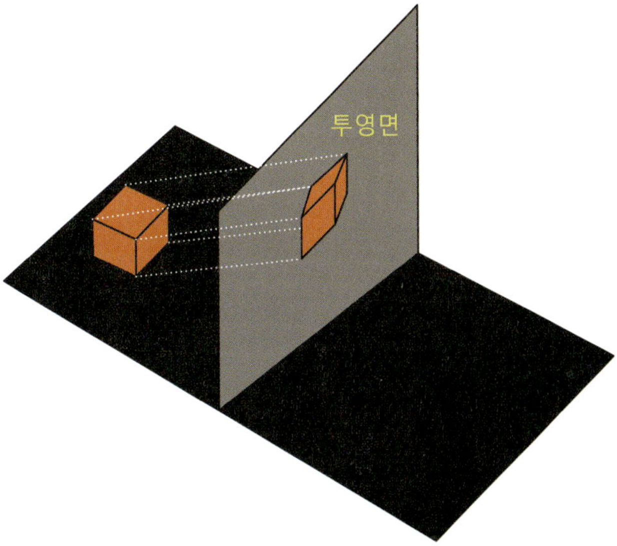

과 같이 투영선들이 투영면에 대해 경사져 있는 것이고, 직교투영은 아래의 그림

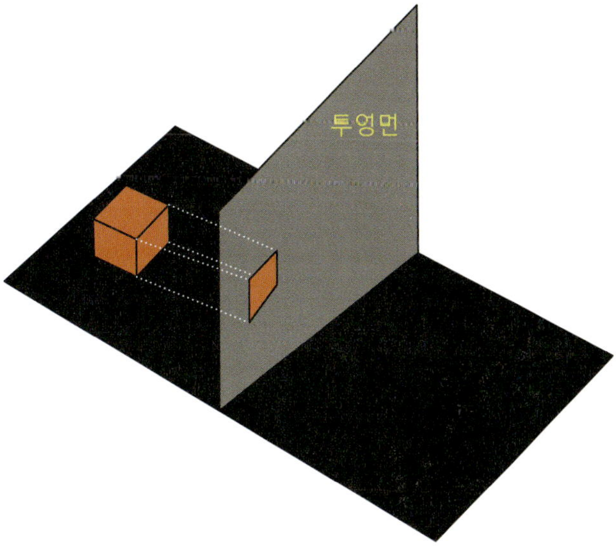

과 같이 투영선들이 투영면에 대해 직교하는 것이다.

우리가 이 책에서 3 차원 컴퓨터 그래픽을 구현하기 위해서 공부할 것은 평행투영이다.

독자는 이 책에서 공부하고자 하는 것들은 어디까지나 3 차원 컴퓨터 그래픽에서 기초적인 단계라는 것을 알아 두어라. 하지만 앞으로 공부할 것들만 익혀도 여러 곳에서 상당히 유용하게 사용할 수 있을 것이다.

1.2. 이론

평행투영을 사용하여 공간상의 점 (x, y, z)를 투영좌표 (x_p, y_p)으로 변환하여 3 차원 입체를 모니터 화면에 표현하여 보자.

x축과 y축은 모니터 화면의 좌표축과 방향이 같고 z축은 모니터 화면을 뚫고 들어가는 방향이다.

공간상의 점 (x, y, z)를 투영좌표 (x_p, y_p)으로 변환하려면 두 개의 각도를 결정해야 한다.

우선 (x_p, y_p)와 $(x, y, 0)$을 지나는 직선과 투영선이 이루는 투영각 α이다. 아래 그림

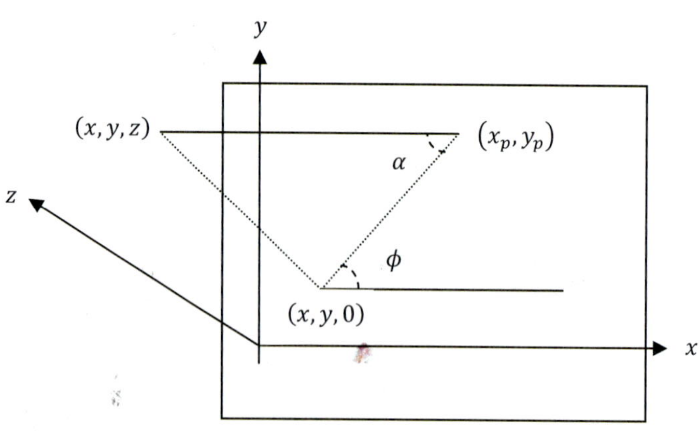

을 참고하여라. (x_p, y_p)과 $(x, y, 0)$ 사이의 거리를 l이라고 하면

$$\tan\alpha = \frac{z}{l}$$

이 성립한다.

그 다음 결정해야 할 각도는 (x_p, y_p)과 $(x, y, 0)$을 지나는 직선과 수평선에 의해 형성되는 방위각 ϕ이다. 방위각이 클수록 입체의 윗부분이 더 많이 표시된다.

투영각과 방위각이 결정되면 (x_p, y_p)는

$$x_p = x + l\cos\phi, \quad y_p = y - l\sin\phi$$

과 같이 계산된다.

그러면 옆의 그림과 같은 좌표를 가진 집(house)을 프로그램으로 구현하여 보자. 물론 우리가 지금 구현하고자 하는 이 대상물은 평면에 있는 것이 아니고 공간에 있는 것이다.

선분과 선분이 만나는 교점의 공간상의 좌표를 모든 교점마다 표시해 놓았다. 이 좌표들은 투영하기 전의 위치를 표시한다. 물론 투영을 하고 나면 이 좌표들은 모두 2 차원 좌표로 바뀐다.

옆의 그림에서 각각의 좌표축의 방향이 어디인지 알 수 있을 것이다. x축은 어느 방향인가? y축은 어느 방향인가? z축은 어느 방향인가?

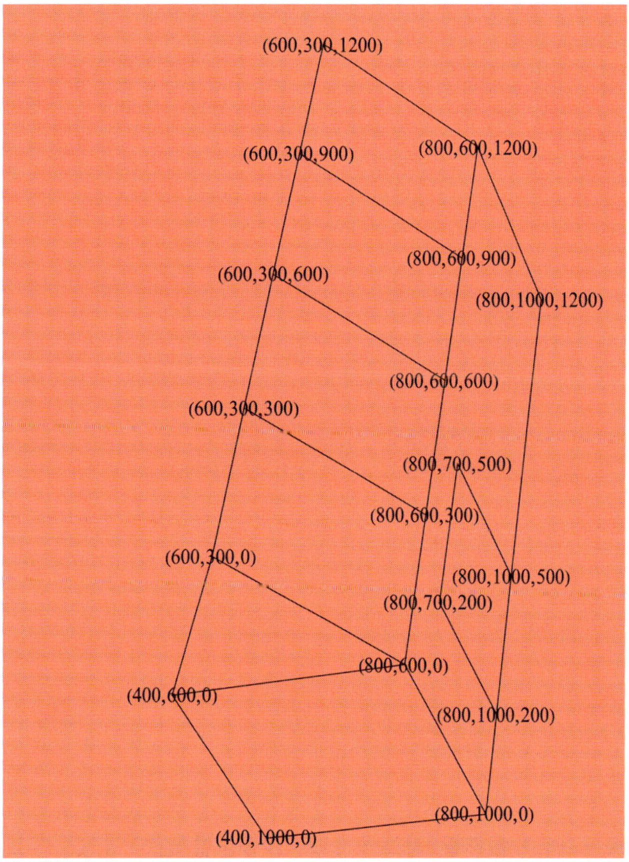

1.3 소스 코드

```
// 3 차원 입체 View.cpp : implementation of the CMy3View class
//
```

```
#include "stdafx.h"
#include "3 차원 입체.h"

#include "3 차원 입체 Doc.h"
#include "3 차원 입체 View.h"

#include <math.h>

const double pi=3.1415926535;

void figure( CDC* pDC, double x, double y, double z, double alpha, double phi )
{
    double tanalpha, length, projectX, projectY;

    if ( (tanalpha=tan(alpha))!=0.0 )
        length = z/tanalpha;
    else
        length = 0.0;

    projectX = x+length*cos(phi);
    projectY = y-length*sin(phi);

    CPen myPen(PS_SOLID, 3, RGB(0,0,0));
    CPen* pOldPen = pDC->SelectObject(&myPen);
    pDC->LineTo(int(projectX), int(projectY));
    pDC->SelectObject(pOldPen);
}

void move( CDC* pDC, double x, double y, double z, double alpha, double phi )
{
    double tanalpha, length, projectX, projectY;

    if ( (tanalpha=tan(alpha))!=0.0 )
        length = z/tanalpha;
    else
        length = 0.0;

    projectX = x+length*cos(phi);
    projectY = y-length*sin(phi);

    pDC->MoveTo(int(projectX), int(projectY));
```

```
}

#ifdef _DEBUG
#define new DEBUG_NEW
#undef THIS_FILE
static char THIS_FILE[] = __FILE__;
#endif

/////////////////////////////////////////////////////////////////////////////
// CMy3View

IMPLEMENT_DYNCREATE(CMy3View, CView)

BEGIN_MESSAGE_MAP(CMy3View, CView)
    //{{AFX_MSG_MAP(CMy3View)
        // NOTE - the ClassWizard will add and remove mapping macros here.
        //    DO NOT EDIT what you see in these blocks of generated code!
    //}}AFX_MSG_MAP
    // Standard printing commands
    ON_COMMAND(ID_FILE_PRINT, CView::OnFilePrint)
    ON_COMMAND(ID_FILE_PRINT_DIRECT, CView::OnFilePrint)
    ON_COMMAND(ID_FILE_PRINT_PREVIEW, CView::OnFilePrintPreview)
END_MESSAGE_MAP()

/////////////////////////////////////////////////////////////////////////////
// CMy3View construction/destruction

CMy3View::CMy3View()
{
    // TODO: add construction code here

}

CMy3View::~CMy3View()
{
}

BOOL CMy3View::PreCreateWindow(CREATESTRUCT& cs)
{
    // TODO: Modify the Window class or styles here by modifying
    //  the CREATESTRUCT cs
```

```
    return CView::PreCreateWindow(cs);
}

/////////////////////////////////////////////////////////////////////////////
// CMy3View drawing
void CMy3View::OnDraw(CDC* pDC)
{
    CMy3Doc* pDoc = GetDocument();
    ASSERT_VALID(pDoc);

    static struct
    {
        double x, y, z;
        int option;
    } house[]={ {800,1000,0,0}, {400,1000,0,1}, {400,600,0,1}, {800,600,0,1}, {800,1000,0,1},
    {800,1000,1200,1}, {800,600,1200,1}, {800,600,0,1}, {600,300,0,1}, {400,600,0,1},
    {600,300,0,0}, {600,300,1200,1}, {800,600,1200,1}, {800,1000,200,0}, {800,700,200,1},
    {800,700,500,1}, {800,1000,500,1}, {600,300,300,0}, {800,600,300,1}, {600,300,600,0},
    {800,600,600,1}, {600,300,900,0}, {800,600,900,1} };

    int i;

    for (i=0; i<23; i++)
        if ( house[i].option==1 )       // 조건을 만족하면 선분을 그음
            figure(pDC, house[i].x, house[i].y, house[i].z, 0.35*pi, 0.15*pi);
        else                            // 조건을 만족하지 않으면 선을 그리지 않고 이동
            move(pDC, house[i].x, house[i].y, house[i].z, 0.35*pi, 0.15*pi);
}

/////////////////////////////////////////////////////////////////////////////
// CMy3View printing

BOOL CMy3View::OnPreparePrinting(CPrintInfo* pInfo)
{
    // default preparation
    return DoPreparePrinting(pInfo);
}
void CMy3View::OnBeginPrinting(CDC* /*pDC*/, CPrintInfo* /*pInfo*/)
{
    // TODO: add extra initialization before printing
```

```
}

void CMy3View::OnEndPrinting(CDC* /*pDC*/, CPrintInfo* /*pInfo*/)
{
    // TODO: add cleanup after printing
}

/////////////////////////////////////////////////////////////////////////////
// CMy3View diagnostics

#ifdef _DEBUG
void CMy3View::AssertValid() const
{
    CView::AssertValid();
}

void CMy3View::Dump(CDumpContext& dc) const
{
    CView::Dump(dc);
}

CMy3Doc* CMy3View::GetDocument() // non-debug version is inline
{
    ASSERT(m_pDocument->IsKindOf(RUNTIME_CLASS(CMy3Doc)));
    return (CMy3Doc*)m_pDocument;
}
#endif //_DEBUG

/////////////////////////////////////////////////////////////////////////////
// CMy3View message handlers
```

1.4 실행 결과

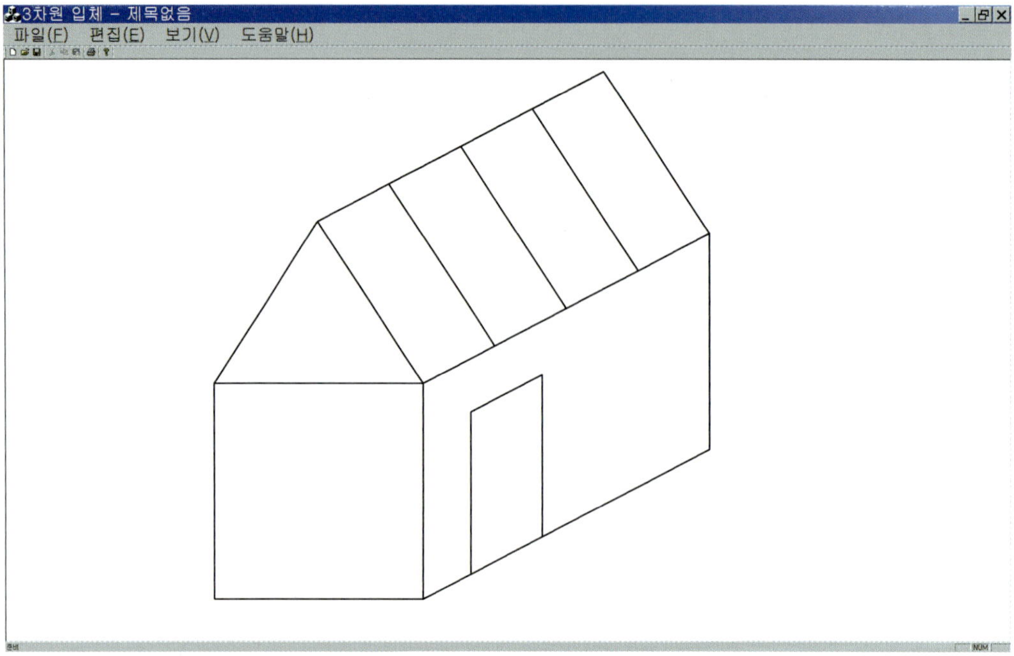

2 입체의 확대와 축소

2.1 이론

원점에 중심을 가지고 있는 구(sphere)를 생각하여 보자. 이 구를 3 배로 확대하고 싶다고 하자. 어떻게 하면 되겠는가? 반지름을 3 배 해주면 된다.

그러면 약간 관점을 달리하여 구를 이루는 모든 점들을 생각하여 보자. 원래의 구를 이루는 점들과 확대된 구를 이루는 점들간에는 어떤 관계가 있는가? 확대된 구를 이루는 점들의 좌표는 원래의 구를 이루는 점들의 좌표를 3 배 한 것이다.

그러면 원점에 중심을 가지고 있지 않은 구를 확대하려면 어떻게 하면 되겠는가? 구의 중심이 원점이 되도록 이동한 후 배율을 곱한 후 새로 생긴 구의 중심이 원래의 구의 중심이 되도록 이동하면 된다.

프로그램을 실행한 후에 키보드이 PageUp, PageDown, →, ↑, ←, ↓를 누를 때마다 원래의 입체를 0.1 배씩 확대하거나 축소한다. 방향 key 를 누를 때마다 값이 변하는 세 변수들 zoomX, zoomY, zoomZ 는 "입체의 확대와 축소 View.h"에서 변수선언을 하고, "입체의 확대와 축소 View.cpp"에서 초기값을 지정한다.

2.2 소스 코드

2.2.1 입체의 확대와 축소 View.h

```
// 입체의 확대와 축소 View.h : interface of the CMyView class
//
/////////////////////////////////////////////////////////////////////////////

#if !defined(AFX_VIEW_H__C648B1EB_AA8E_4A18_8364_AE0E3AB1BE57__INCLUDED_)
```

```
#define AFX_VIEW_H__C648B1EB_AA8E_4A18_8364_AE0E3AB1BE57__INCLUDED_

#if _MSC_VER > 1000
#pragma once
#endif // _MSC_VER > 1000


class CMyView : public CView
{
protected: // create from serialization only
    CMyView();
    DECLARE_DYNCREATE(CMyView)

// Attributes
public:
    CMyDoc* GetDocument();
    double zoomX, zoomY, zoomZ;

// Operations
public:

// Overrides
    // ClassWizard generated virtual function overrides
    //{{AFX_VIRTUAL(CMyView)
    public:
    virtual void OnDraw(CDC* pDC);  // overridden to draw this view
    virtual BOOL PreCreateWindow(CREATESTRUCT& cs);
    protected:
    virtual BOOL OnPreparePrinting(CPrintInfo* pInfo);
    virtual void OnBeginPrinting(CDC* pDC, CPrintInfo* pInfo);
    virtual void OnEndPrinting(CDC* pDC, CPrintInfo* pInfo);
    //}}AFX_VIRTUAL

// Implementation
public:
    virtual ~CMyView();
#ifdef _DEBUG
    virtual void AssertValid() const;
    virtual void Dump(CDumpContext& dc) const;
#endif
```

```
protected:

// Generated message map functions
protected:
    //{{AFX_MSG(CMyView)
    afx_msg void OnKeyDown(UINT nChar, UINT nRepCnt, UINT nFlags);
    //}}AFX_MSG
    DECLARE_MESSAGE_MAP()
};

#ifndef _DEBUG  // debug version in 입체의 확대와 축소View.cpp
inline CMyDoc* CMyView::GetDocument()
   { return (CMyDoc*)m_pDocument; }
#endif

/////////////////////////////////////////////////////////////////////////////

//{{AFX_INSERT_LOCATION}}
// Microsoft Visual C++ will insert additional declarations immediately before the previous line.

#endif // !defined(AFX_VIEW_H__C648B1EB_AA8E_4A18_8364_AE0E3AB1BE57__INCLUDED_)
```

2.2.2 입체의 확대와 축소View.cpp

```
// 입체의 확대와 축소View.cpp : implementation of the CMyView class
//

#include "stdafx.h"
#include "입체의 확대와 축소.h"

#include "입체의 확대와 축소Doc.h"
#include "입체의 확대와 축소View.h"

#include <math.h>

const double pi=3.1415926535;

void figure( CDC* pDC, double x, double y, double z, double alpha, double phi )
{
    double tanalpha, length, projectX, projectY;
```

```
    if ( (tanalpha=tan(alpha))!=0.0 )
        length = z/tanalpha;
    else
        length = 0.0;

    projectX = x+length*cos(phi);
    projectY = y-length*sin(phi);
    CPen myPen(PS_SOLID, 3, RGB(0,0,0));
    CPen* pOldPen = pDC->SelectObject(&myPen);
    pDC->LineTo(int(projectX), int(projectY));
    pDC->SelectObject(pOldPen);
}

void move( CDC* pDC, double x, double y, double z, double alpha, double phi )
{
    double tanalpha, length, projectX, projectY;

    if ( (tanalpha=tan(alpha))!=0.0 )
        length = z/tanalpha;
    else
        length = 0.0;

    projectX = x+length*cos(phi);
    projectY = y-length*sin(phi);

    pDC->MoveTo(int(projectX), int(projectY));
}

#ifdef _DEBUG
#define new DEBUG_NEW
#undef THIS_FILE
static char THIS_FILE[] = __FILE__;
#endif
/////////////////////////////////////////////////////////////////////////////
// CMyView

IMPLEMENT_DYNCREATE(CMyView, CView)

BEGIN_MESSAGE_MAP(CMyView, CView)
    //{{AFX_MSG_MAP(CMyView)
```

```
    ON_WM_KEYDOWN()
    //}}AFX_MSG_MAP
    // Standard printing commands
    ON_COMMAND(ID_FILE_PRINT, CView::OnFilePrint)
    ON_COMMAND(ID_FILE_PRINT_DIRECT, CView::OnFilePrint)
    ON_COMMAND(ID_FILE_PRINT_PREVIEW, CView::OnFilePrintPreview)
END_MESSAGE_MAP()

/////////////////////////////////////////////////////////////////////////////
// CMyView construction/destruction

CMyView::CMyView()
{
    zoomX=1.0, zoomY=1.0, zoomZ=1.0;
}

CMyView::~CMyView()
{
}

BOOL CMyView::PreCreateWindow(CREATESTRUCT& cs)
{
    // TODO: Modify the Window class or styles here by modifying
    //  the CREATESTRUCT cs
    return CView::PreCreateWindow(cs);
}

/////////////////////////////////////////////////////////////////////////////
// CMyView drawing

void CMyView::OnDraw(CDC* pDC)
{
    CMyDoc* pDoc = GetDocument();
    ASSERT_VALID(pDoc);

    static struct
    {
        double x, y, z;
        int option;
    } house[]={ {800,1000,0,0}, {400,1000,0,1}, {400,600,0,1}, {800,600,0,1}, {800,1000,0,1},
    {800,1000,1200,1}, {800,600,1200,1}, {800,600,0,1}, {600,300,0,1}, {400,600,0,1},
```

```
    {600,300,0,0}, {600,300,1200,1}, {800,600,1200,1}, {800,1000,200,0}, {800,700,200,1},
    {800,700,500,1}, {800,1000,500,1}, {600,300,300,0}, {800,600,300,1}, {600,300,600,0},
    {800,600,600,1}, {600,300,900,0}, {800,600,900,1} };

    int i;
    double x, centerX=275.0;
    double y, centerY=500.0;
    double z, centerZ=500.0;

    for (i=0; i<23; i++)
    {
        x = centerX-zoomX*(centerX-house[i].x);
        y = centerY-zoomY*(centerY-house[i].y);
        z = centerZ-zoomZ*(centerZ-house[i].z);

        if ( house[i].option==1 )
            figure(pDC, x, y, z, 0.35*pi, 0.15*pi);
        else
            move(pDC, x, y, z, 0.35*pi, 0.15*pi);
    }
}

/////////////////////////////////////////////////////////////////////////////
// CMyView printing

BOOL CMyView::OnPreparePrinting(CPrintInfo* pInfo)
{
    // default preparation
    return DoPreparePrinting(pInfo);
}

void CMyView::OnBeginPrinting(CDC* /*pDC*/, CPrintInfo* /*pInfo*/)
{
    // TODO: add extra initialization before printing
}

void CMyView::OnEndPrinting(CDC* /*pDC*/, CPrintInfo* /*pInfo*/)
{
    // TODO: add cleanup after printing
}
```

```
///////////////////////////////////////////////////////////////////////////
// CMyView diagnostics

#ifdef _DEBUG
void CMyView::AssertValid() const
{
    CView::AssertValid();
}

void CMyView::Dump(CDumpContext& dc) const
{
    CView::Dump(dc);
}

CMyDoc* CMyView::GetDocument() // non-debug version is inline
{
    ASSERT(m_pDocument->IsKindOf(RUNTIME_CLASS(CMyDoc)));
    return (CMyDoc*)m_pDocument;
}
#endif //_DEBUG

///////////////////////////////////////////////////////////////////////////
// CMyView message handlers

void CMyView::OnKeyDown(UINT nChar, UINT nRepCnt, UINT nFlags)
{
    switch( nChar )
    {
        case VK_PRIOR:
            zoomZ += 0.1;
            break;

        case VK_NEXT:
            if ( zoomZ>=0.1 )
                zoomZ -= 0.1;

            break;

        case VK_LEFT:
            if ( zoomX>=0.1 )
                zoomX -= 0.1;
```

```
            break;

        case VK_RIGHT:
            zoomX += 0.1;
            break;

        case VK_UP:
            zoomY += 0.1;
            break;

        case VK_DOWN:
            if ( zoomY>=0.1 )
                zoomY -= 0.1;

            break;

        case VK_ESCAPE:
            exit(1);
    }

    Invalidate();

    CView::OnKeyDown(nChar, nRepCnt, nFlags);
}
```

2.3 실행 결과

2.3.1 ←를 5 번, PageDown를 7 번 누른 경우

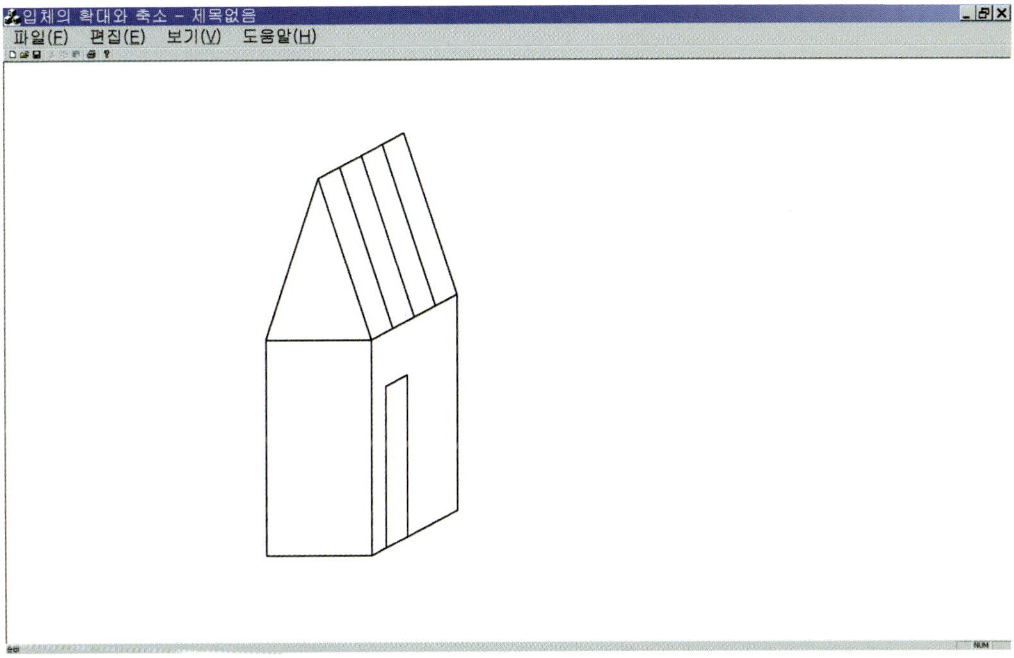

2.3.2 ↑를 2 번, PageDown 를 9 번 누른 경우

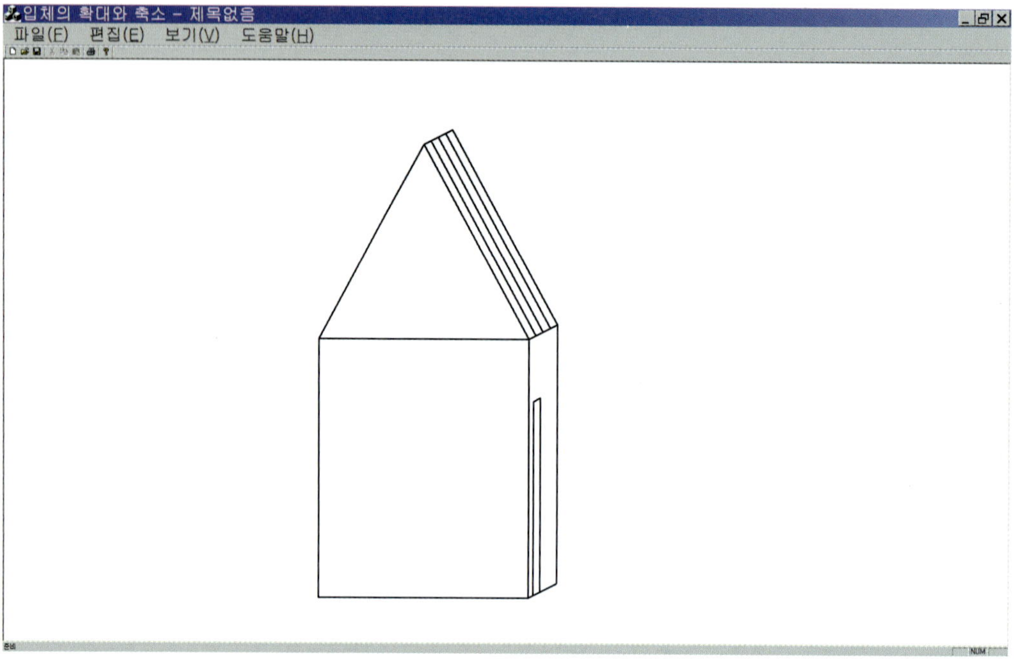

2.3.3 ←를 네 번, ↓를 여섯 번, PageUp를 세 번 누른 경우

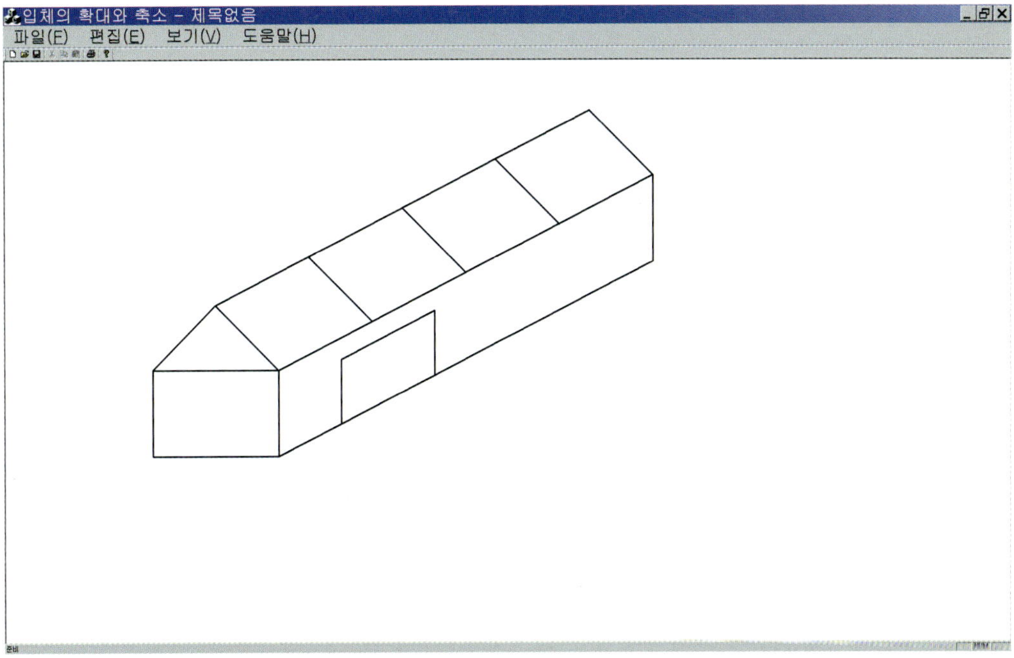

3 입체의 회전

3.1 이론

z축에 대하여 입체를 회전시키려면 아래의 code 를 사용하면 된다.

```
x = (object[i].x-centerX)*cos(angleZ)-(object[i].y-centerY)*sin(angleZ)+centerX;
y = (object[i].x-centerX)*sin(angleZ)+(object[i].y-centerY)*cos(angleZ)+centerY;
z = object[i].z;
```

y축에 대하여 입체를 회전시키려면 아래의 code 를 사용하면 된다.

```
x = (object[i].x-centerX)*cos(angleY)-(object[i].z-centerZ)*sin(angleY)+centerX;
z = (object[i].x-centerX)*sin(angleY)+(object[i].z-centerZ)*cos(angleY)+centerZ;
y = object[i].y;
```

x축에 대하여 입체를 회전시키려면 아래의 code 를 사용하면 된다.

```
y = (object[i].y-centerY)*cos(angleX)-(object[i].z-centerZ)*sin(angleX)+centerY;
z = (object[i].y-centerY)*sin(angleX)+(object[i].z-centerZ)*cos(angleX)+centerZ;
x = object[i].x;
```

3.2 소스 코드

3.2.1 입체의 회전 View.h

```
// 입체의 회전 View.h : interface of the CMyView class
//
/////////////////////////////////////////////////////////////////////////////

#if !defined(AFX_VIEW_H__E1E8EE93_D170_4DA9_AC9B_0CAD9CC1A315__INCLUDED_)
#define AFX_VIEW_H__E1E8EE93_D170_4DA9_AC9B_0CAD9CC1A315__INCLUDED_
```

```
#if _MSC_VER > 1000
#pragma once
#endif // _MSC_VER > 1000


class CMyView : public CView
{
protected: // create from serialization only
    CMyView();
    DECLARE_DYNCREATE(CMyView)

// Attributes
public:
    CMyDoc* GetDocument();
    double angleX, angleY, angleZ;

// Operations
public:

// Overrides
    // ClassWizard generated virtual function overrides
    //{{AFX_VIRTUAL(CMyView)
    public:
    virtual void OnDraw(CDC* pDC);  // overridden to draw this view
    virtual BOOL PreCreateWindow(CREATESTRUCT& cs);
    protected:
    virtual BOOL OnPreparePrinting(CPrintInfo* pInfo);
    virtual void OnBeginPrinting(CDC* pDC, CPrintInfo* pInfo);
    virtual void OnEndPrinting(CDC* pDC, CPrintInfo* pInfo);
    //}}AFX_VIRTUAL

// Implementation
public:
    virtual ~CMyView();
#ifdef _DEBUG
    virtual void AssertValid() const;
    virtual void Dump(CDumpContext& dc) const;
#endif

protected:
```

```
// Generated message map functions
protected:
    //{{AFX_MSG(CMyView)
    afx_msg void OnKeyDown(UINT nChar, UINT nRepCnt, UINT nFlags);
    //}}AFX_MSG
    DECLARE_MESSAGE_MAP()
};

#ifndef _DEBUG  // debug version in 입체의 회전View.cpp
inline CMyDoc* CMyView::GetDocument()
   { return (CMyDoc*)m_pDocument; }
#endif

/////////////////////////////////////////////////////////////////////////////

//{{AFX_INSERT_LOCATION}}
// Microsoft Visual C++ will insert additional declarations immediately before the previous line.

#endif // !defined(AFX_VIEW_H__E1E8EE93_D170_4DA9_AC9B_0CAD9CC1A315__INCLUDED_)
```

3.2.2 입체의 회전View.cpp

```
// 입체의 회전View.cpp : implementation of the CMyView class
//

#include "stdafx.h"
#include "입체의 회전.h"

#include "입체의 회전Doc.h"
#include "입체의 회전View.h"

#include <math.h>

const double pi=3.1415926535;

void figure( CDC* pDC, double x, double y, double z, double alpha, double phi )
{
    double tanalpha, length, projectX, projectY;

    if ( (tanalpha=tan(alpha))!=0.0 )
```

```
        length = z/tanalpha;
    else
        length = 0.0;

    projectX = x+length*cos(phi);
    projectY = y-length*sin(phi);

    CPen myPen(PS_SOLID, 3, RGB(0,0,0));
    CPen* pOldPen = pDC->SelectObject(&myPen);
    pDC->LineTo(int(projectX), int(projectY));
    pDC->SelectObject(pOldPen);
}

void move( CDC* pDC, double x, double y, double z, double alpha, double phi )
{
    double tanalpha, length, projectX, projectY;

    if ( (tanalpha=tan(alpha))!=0.0 )
        length = z/tanalpha;
    else
        length = 0.0;

    projectX = x+length*cos(phi);
    projectY = y-length*sin(phi);

    pDC->MoveTo(int(projectX), int(projectY));
}

#ifdef _DEBUG
#define new DEBUG_NEW
#undef THIS_FILE
static char THIS_FILE[] = __FILE__;
#endif

/////////////////////////////////////////////////////////////////////////////
// CMyView

IMPLEMENT_DYNCREATE(CMyView, CView)

BEGIN_MESSAGE_MAP(CMyView, CView)
    //{{AFX_MSG_MAP(CMyView)
```

```
    ON_WM_KEYDOWN()
    //}}AFX_MSG_MAP
    // Standard printing commands
    ON_COMMAND(ID_FILE_PRINT, CView::OnFilePrint)
    ON_COMMAND(ID_FILE_PRINT_DIRECT, CView::OnFilePrint)
    ON_COMMAND(ID_FILE_PRINT_PREVIEW, CView::OnFilePrintPreview)
END_MESSAGE_MAP()

/////////////////////////////////////////////////////////////////////////////
// CMyView construction/destruction

CMyView::CMyView()
{
    angleX=0.0, angleY=0.0, angleZ=0.0;
}

CMyView::~CMyView()
{
}

BOOL CMyView::PreCreateWindow(CREATESTRUCT& cs)
{
    // TODO: Modify the Window class or styles here by modifying
    //  the CREATESTRUCT cs

    return CView::PreCreateWindow(cs);
}

/////////////////////////////////////////////////////////////////////////////
// CMyView drawing

void CMyView::OnDraw(CDC* pDC)
{
    CMyDoc* pDoc = GetDocument();
    ASSERT_VALID(pDoc);

    static struct
    {
        double x, y, z;
        int option;
    } cuboid[]={ {500,400,0,0}, {900,400,0,1}, {900,800,0,1}, {500,800,0,1},
```

```
    {500,400,0,1}, {500,400,800,1}, {900,400,800,1}, {900,800,800,1},
    {900,800,0,1}, {900,400,0,0}, {900,400,800,1}, {500,400,800,0},
    {500,800,800,1}, {900,800,800,1}, {500,800,800,0}, {500,800,0,1} };

    int i;
    double x, centerX=705.0, newX;
    double y, centerY=600.0, newY;
    double z, centerZ=400.0;

    for (i=0; i<16; i++)
    {
        x = (cuboid[i].x-centerX)*cos(angleZ) - (cuboid[i].y-centerY)*sin(angleZ) + centerX;
        y = (cuboid[i].x-centerX)*sin(angleZ) + (cuboid[i].y-centerY)*cos(angleZ) + centerY;
        newX = (x-centerX)*cos(angleY) + (cuboid[i].z-centerZ)*sin(angleY) + centerX;
        z = (x-centerX)*sin(angleY) + (cuboid[i].z-centerZ)*cos(angleY) + centerZ;
        x = newX;
        newY = (y-centerY)*cos(angleX) - (z-centerZ)*sin(angleX) + centerY;
        z = (y-centerY)*sin(angleX) + (z-centerZ)*cos(angleX) + centerZ;
        y = newY;

        if ( cuboid[i].option==1 )
            figure(pDC, x, y, z, 0.35*pi, 0.15*pi);
        else
            move(pDC, x, y, z, 0.35*pi, 0.15*pi);
    }
}

/////////////////////////////////////////////////////////////////////////////
// CMyView printing

BOOL CMyView::OnPreparePrinting(CPrintInfo* pInfo)
{
    // default preparation
    return DoPreparePrinting(pInfo);
}

void CMyView::OnBeginPrinting(CDC* /*pDC*/, CPrintInfo* /*pInfo*/)
{
    // TODO: add extra initialization before printing
}
```

```
void CMyView::OnEndPrinting(CDC* /*pDC*/, CPrintInfo* /*pInfo*/)
{
    // TODO: add cleanup after printing
}

/////////////////////////////////////////////////////////////////////////////
// CMyView diagnostics

#ifdef _DEBUG
void CMyView::AssertValid() const
{
    CView::AssertValid();
}

void CMyView::Dump(CDumpContext& dc) const
{
    CView::Dump(dc);
}

CMyDoc* CMyView::GetDocument() // non-debug version is inline
{
    ASSERT(m_pDocument->IsKindOf(RUNTIME_CLASS(CMyDoc)));
    return (CMyDoc*)m_pDocument;
}
#endif //_DEBUG

/////////////////////////////////////////////////////////////////////////////
// CMyView message handlers

void CMyView::OnKeyDown(UINT nChar, UINT nRepCnt, UINT nFlags)
{
    switch( nChar )
    {
        case VK_PRIOR:
            angleZ += 0.1*pi;
            break;

        case VK_NEXT:
            angleZ -= 0.1*pi;
            break;
```

```
        case VK_LEFT:
            angleX -= 0.1*pi;
            break;

        case VK_RIGHT:
            angleX += 0.1*pi;
            break;

        case VK_UP:
            angleY += 0.1*pi;
            break;

        case VK_DOWN:
            angleY -= 0.1*pi;
            break;

        case VK_ESCAPE:
            exit(1);
    }

    Invalidate();

    CView::OnKeyDown(nChar, nRepCnt, nFlags);
}
```

3.3 실행 결과

3.3.1 →를 누른 경우

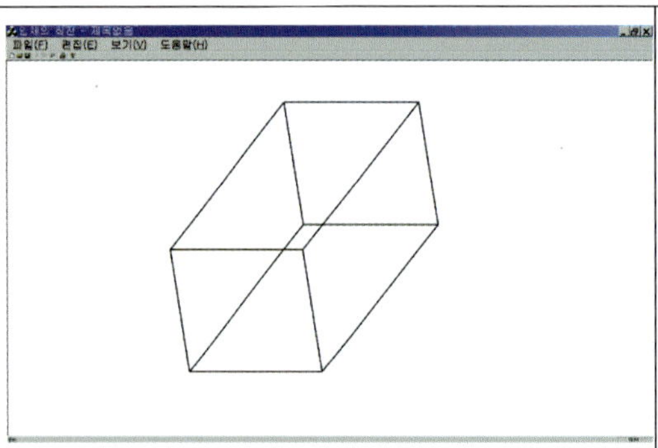

1 번 누른 경우

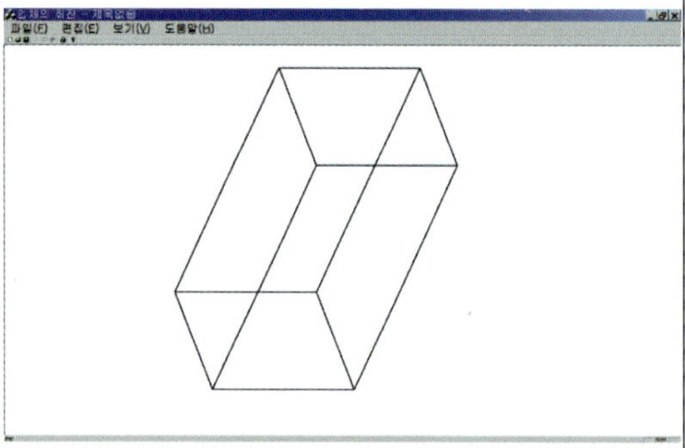

2 번 누른 경우

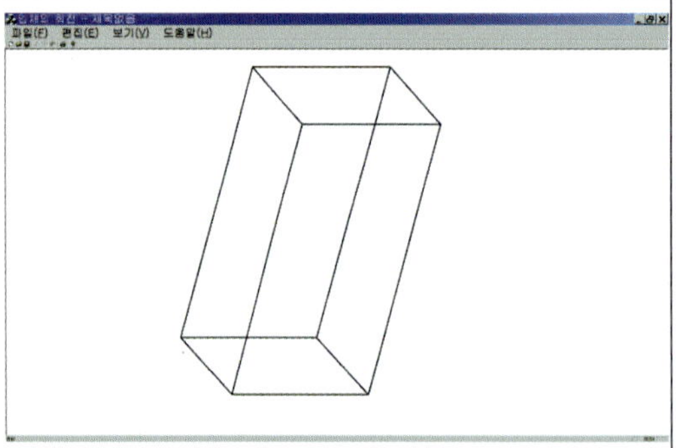

3 번 누른 경우

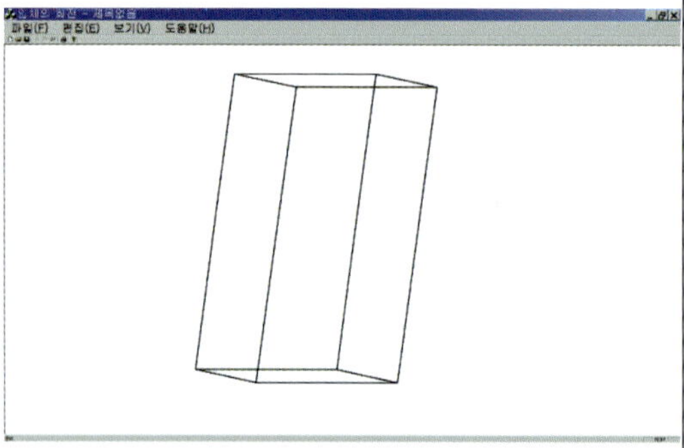

4 번 누른 경우

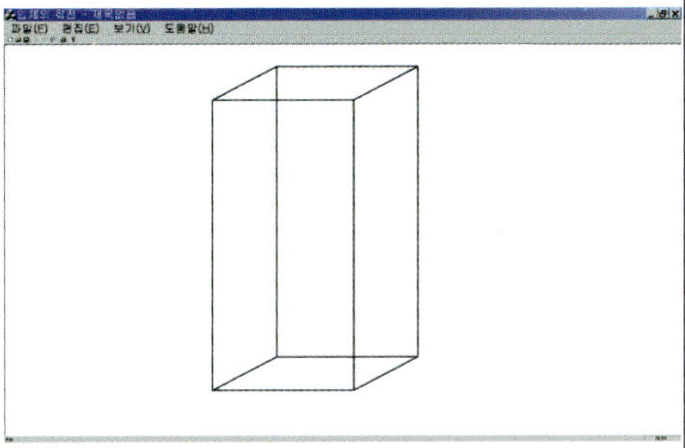

5 번 누른 경우

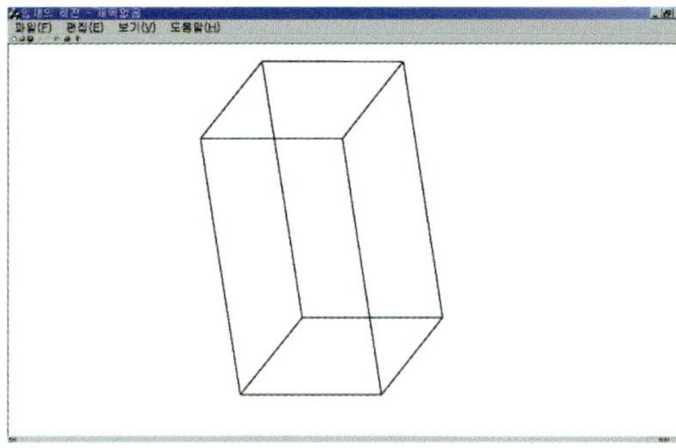

6 번 누른 경우

3.3.2 ↓를 누른 경우

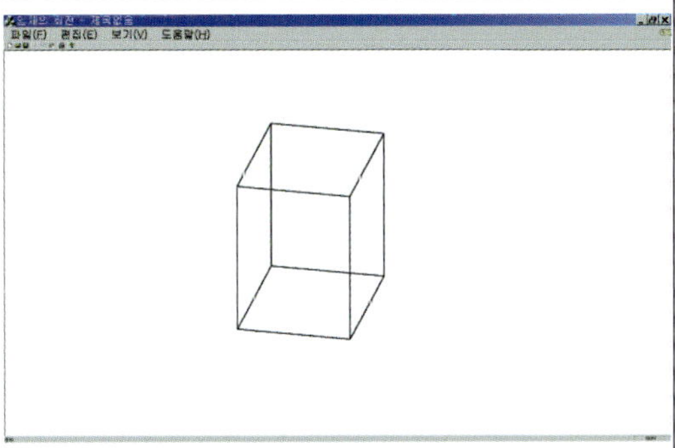

1 번 누른 경우

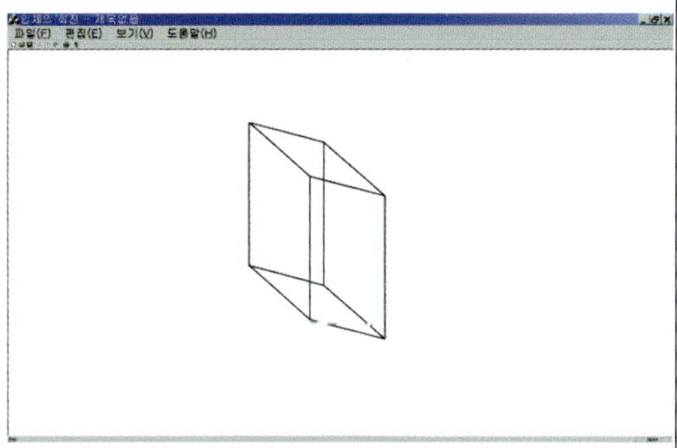

2 번 누른 경우

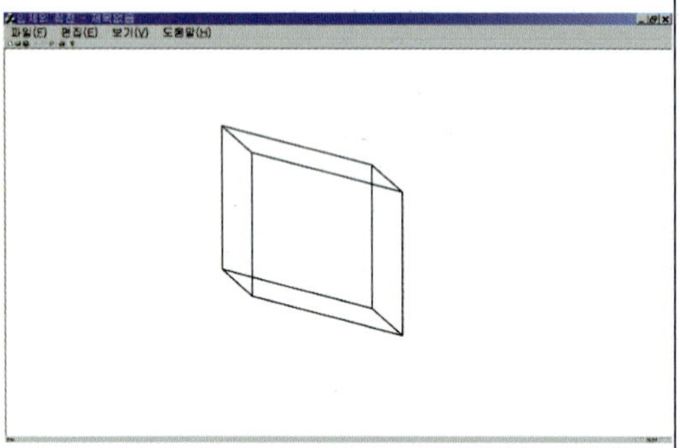

3 번 누른 경우

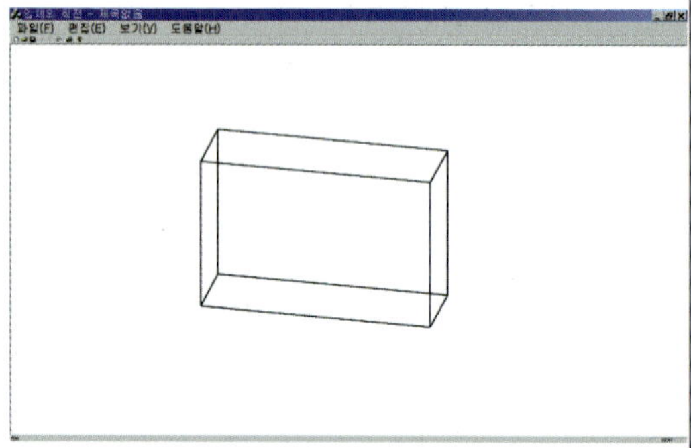

4 번 누른 경우

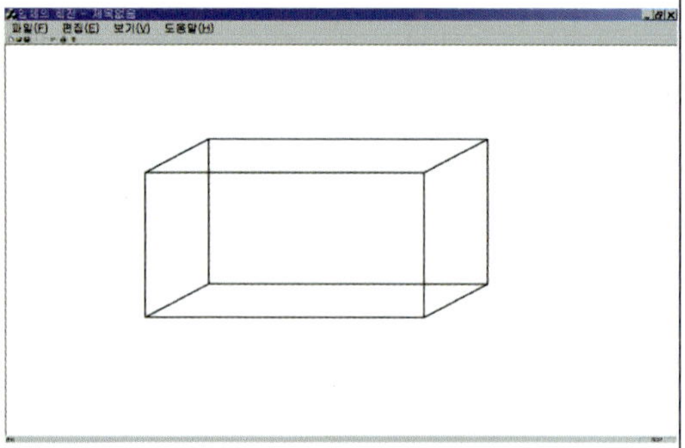

5 번 누른 경우

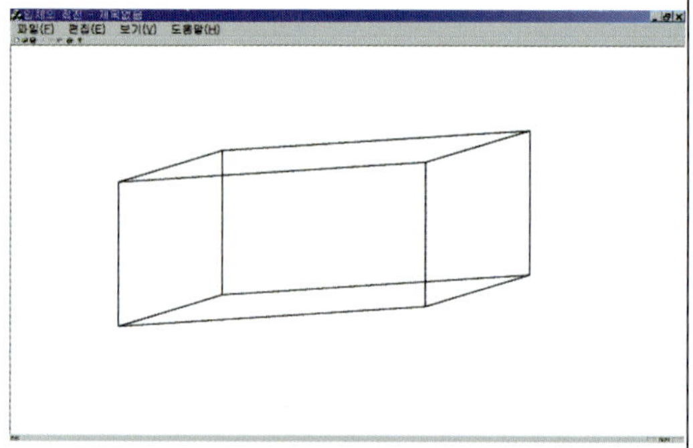

6 번 누른 경우

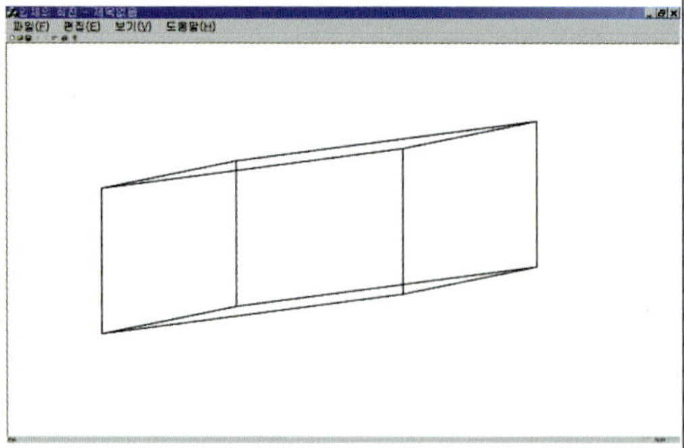

7 번 누른 경우

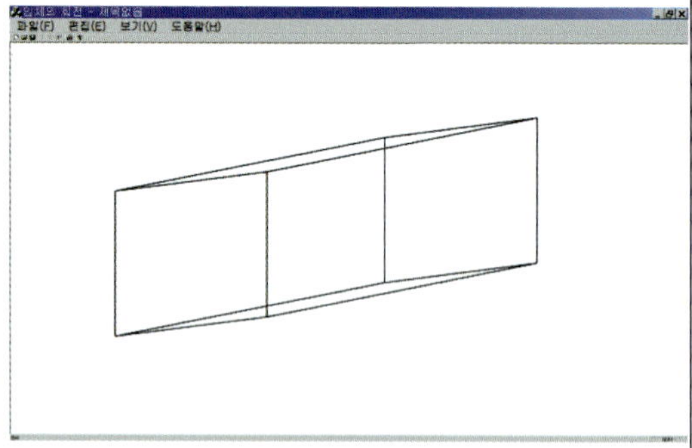

8 번 누른 경우

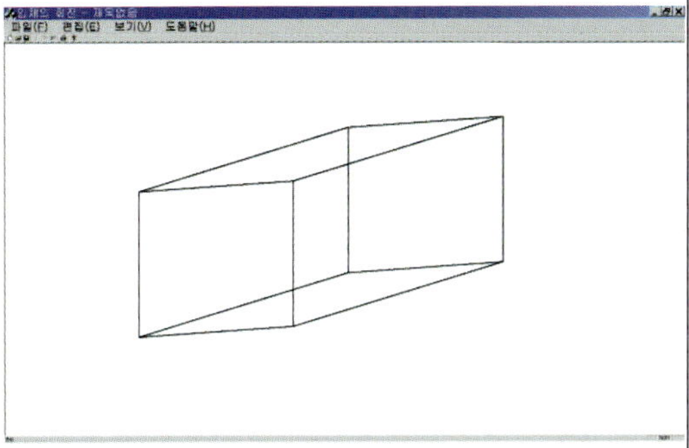

9 번 누른 경우

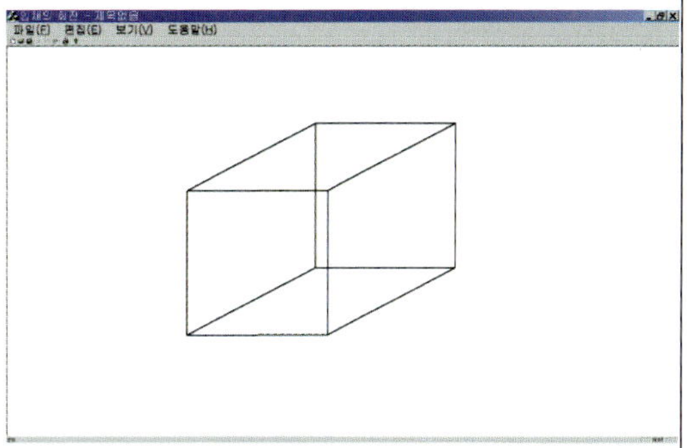

10 번 누른 경우

3.3.3 PageUp 를 누른 경우

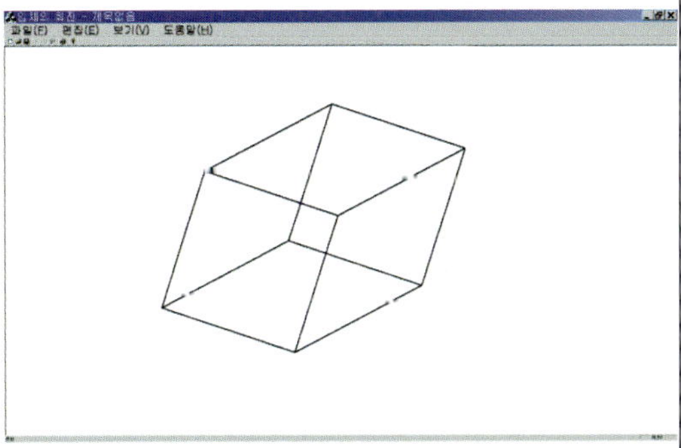

1 번 누른 경우

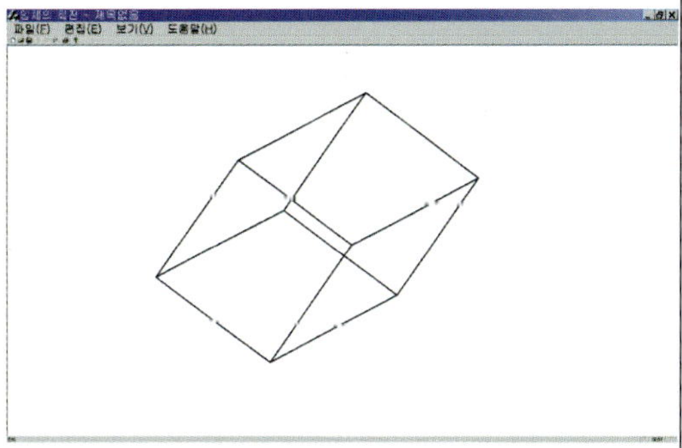

2 번 누른 경우

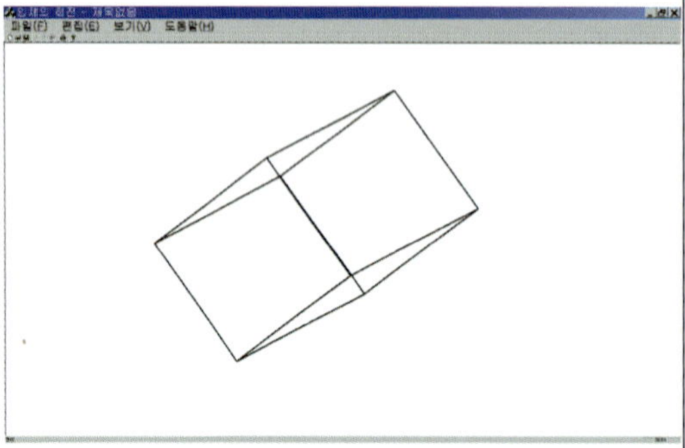	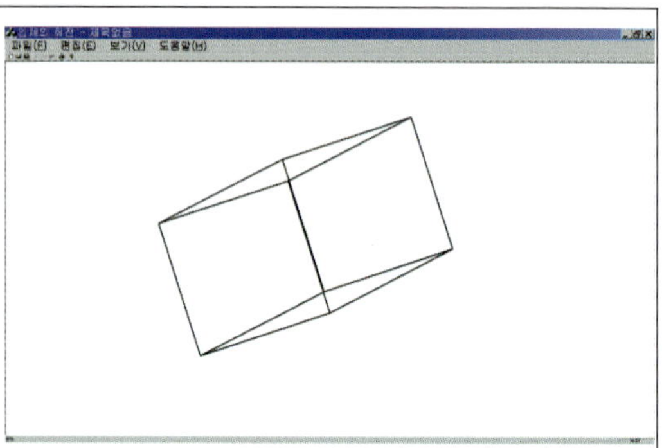
3 번 누른 경우	4 번 누른 경우
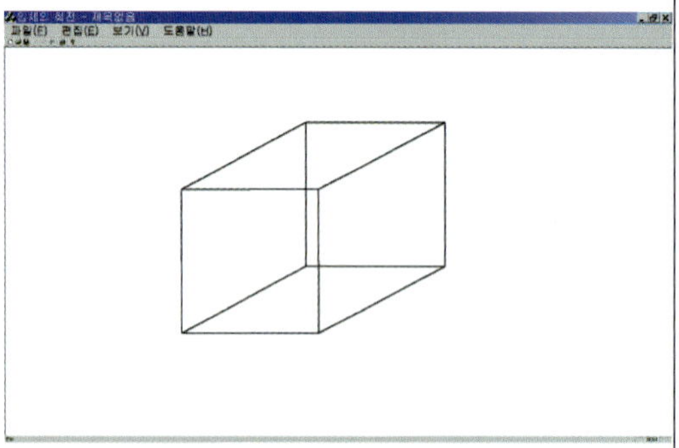	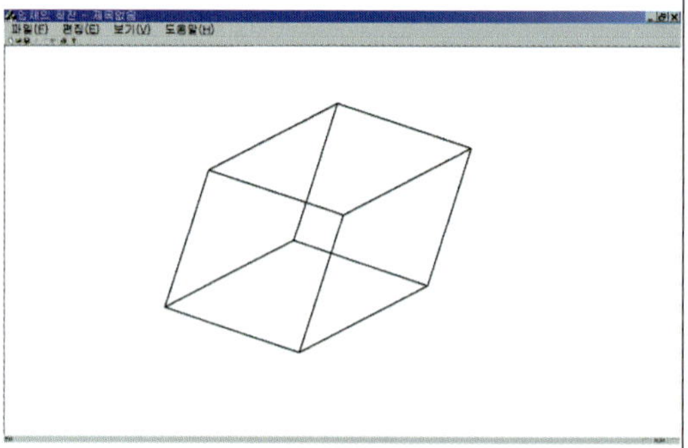
5 번 누른 경우	6 번 누른 경우

4 입체의 숨은선과 숨은면 제거

4.1 개론

우리가 입체를 모니터에 표현할 때 그 입체는 점과 직선과 곡선으로 표현된다. 이 경우 어떤 관찰자가 입체를 바라볼 때 그 입체에서 보이지 않는 부분이 있는데 그 부분은 당연히 화면에 표시되어서는 안 된다. 그러면 어떻게 해야 보이지 않는 부분을 없앨 수 있을 것인지가 문제가 된다. 이러한 문제를 가리켜서 숨은선 제거, 숨은면 제거라 한다. 일반적으로 숨은선과 숨은면을 제거하는 알고리즘은 꽤나 복잡하고 구현하는 것도 쉽지 않다. 물론 우리는 이 책에서 그러한 것을 공부하지 않는다. 그렇다고 3 차원 컴퓨터 그래픽에서 숨은선과 숨은면 제거를 건너뛸 수는 없다.

우리는 이 chapter 에서 정육면체나 구면처럼 간단한 모양의 입체에 대해서 숨은선 제거를 해 볼 것이다. 입체가 조금이라도 더 복잡하면 숨은선 제거에 더 많은 노력을 들여야 하고 처리 시간도 상당히 길어진다.

4.2 직육면체

4.2.1 이론

바라보는 위치를 달리하면서 정육면체를 관찰하여 보아라. 결코 네 개의 면 이상을 볼 수는 없다. 이것을 이용하여 정육면체의 숨은선을 제거할 수 있다.

회전하지 않은 정육면체를 정면에서 바라보아라. 그리고 눈 앞에 보이는 면과 그 면에 평행한 면을 머릿속에 그려 보아라. 우리는 이 두 평행한 면 중에서 어느 하나를 볼 수 있다. 그러면 우리가 볼 수 있는 면과 볼 수 없는 면을 어떻게 판별할 수 있을까? 두 면의 좌표를 생각하여 보면 쉽게 알 수 있다. 우리가 볼 수 있는 면의 z좌표는 볼 수 없는 면의 z좌표보다 작다. 이것을 프로그래밍하면 된다. 마찬가지로 다른 두 평행한 면, 즉 두 옆면에 대해서는 좌표를 비교하고, 또 다른 두 평행한 면, 즉 윗면과 아랫면에 대해서는 y좌표를 비교한다.

4.2.2 소스 코드

```
// 직육면체의 숨은면 제거View.cpp : implementation of the CMyView class
//

#include "stdafx.h"
#include "직육면체의 숨은면 제거.h"

#include "직육면체의 숨은면 제거Doc.h"
#include "직육면체의 숨은면 제거View.h"

#include <math.h>

const double pi=3.1415926535;

struct plane
{
    double x, y, z;
    int option;
};

void figure( CDC* pDC, double x, double y, double z, double alpha, double phi )
{
    double tanalpha, length, projectX, projectY;

    if ( (tanalpha=tan(alpha))!=0.0 )
        length = z/tanalpha;
    else
        length = 0.0;

    projectX = x+length*cos(phi);
    projectY = y-length*sin(phi);

    CPen myPen(PS_SOLID, 3, RGB(0,0,0));
    CPen* pOldPen = pDC->SelectObject(&myPen);
    pDC->LineTo(int(projectX), int(projectY));
```

```
    pDC->SelectObject(pOldPen);
}

void move( CDC* pDC, double x, double y, double z, double alpha, double phi )
{
    double tanalpha, length, projectX, projectY;

    if ( (tanalpha=tan(alpha))!=0.0 )
        length = z/tanalpha;
    else
        length = 0.0;

    projectX = x+length*cos(phi);
    projectY = y-length*sin(phi);

    pDC->MoveTo(int(projectX), int(projectY));
}

void displayPlane( CDC* pDC, struct plane line[], double offsetX, double offsetY )
{
    int i;

    for ( i=0; i<6; i++ )
        if ( line[i].option==1 )
            figure( pDC, line[i].x+offsetX, line[i].y+offsetY, line[i].z, 0.35*pi, 0.15*pi );
        else
            move( pDC, line[i].x+offsetX, line[i].y+offsetY, line[i].z, 0.35*pi, 0.15*pi );
}

#ifdef _DEBUG
#define new DEBUG_NEW
#undef THIS_FILE
static char THIS_FILE[] = __FILE__;
#endif

/////////////////////////////////////////////////////////////////////////////
// CMyView

IMPLEMENT_DYNCREATE(CMyView, CView)

BEGIN_MESSAGE_MAP(CMyView, CView)
```

```
    //{{AFX_MSG_MAP(CMyView)
        // NOTE - the ClassWizard will add and remove mapping macros here.
        //    DO NOT EDIT what you see in these blocks of generated code!
    //}}AFX_MSG_MAP
    // Standard printing commands
    ON_COMMAND(ID_FILE_PRINT, CView::OnFilePrint)
    ON_COMMAND(ID_FILE_PRINT_DIRECT, CView::OnFilePrint)
    ON_COMMAND(ID_FILE_PRINT_PREVIEW, CView::OnFilePrintPreview)
END_MESSAGE_MAP()

/////////////////////////////////////////////////////////////////////////////
// CMyView construction/destruction

CMyView::CMyView()
{
    // TODO: add construction code here

}

CMyView::~CMyView()
{
}

BOOL CMyView::PreCreateWindow(CREATESTRUCT& cs)
{
    // TODO: Modify the Window class or styles here by modifying
    //  the CREATESTRUCT cs

    return CView::PreCreateWindow(cs);
}

/////////////////////////////////////////////////////////////////////////////
// CMyView drawing

void CMyView::OnDraw(CDC* pDC)
{
    CMyDoc* pDoc = GetDocument();
    ASSERT_VALID(pDoc);

    static struct plane a[] = {{333,222,0,0},{999,222,0,1},{999,777,0,1},{333,777,0,1},
      {333,222,0,1}};
```

```
    static struct plane b[] = {{333,222,250,0},{999,222,250,1},{999,777,250,1},{333,777,250,1},
      {333,222,250,1}};
    static struct plane c[] = {{999,222,0,0},{999,222,250,1},{999,777,250,1},{999,777,0,1},
      {999,222,0,1}};
    static struct plane d[] = {{333,222,0,0},{333,222,250,1},{333,777,250,1},{333,777,0,1},
      {333,222,0,1}};
    static struct plane e[] = {{333,777,0,0},{999,777,250,1},{333,777,250,1},{333,777,0,1},
      {999,410,0,1}};
    static struct plane f[] = {{999,222,0,0},{999,222,250,1},{333,222,250,1},{333,222,0,1},
      {999,222,0,1}};

    double offsetX=100.0, offsetY=50.0;

    if ( a[0].z<b[0].z )
        displayPlane( pDC, a, offsetX, offsetY );
    else
        displayPlane( pDC, b, offsetX, offsetY );

    if ( c[0].x>d[0].x )
        displayPlane( pDC, c, offsetX, offsetY );
    else
        displayPlane( pDC, d, offsetX, offsetY );

    if ( e[0].y<f[0].y )
        displayPlane( pDC, e, offsetX, offsetY );
    else
        displayPlane( pDC, f, offsetX, offsetY );
}

/////////////////////////////////////////////////////////////////////////////
// CMyView printing

BOOL CMyView::OnPreparePrinting(CPrintInfo* pInfo)
{
    // default preparation
    return DoPreparePrinting(pInfo);
}

void CMyView::OnBeginPrinting(CDC* /*pDC*/, CPrintInfo* /*pInfo*/)
{
    // TODO: add extra initialization before printing
```

```
}

void CMyView::OnEndPrinting(CDC* /*pDC*/, CPrintInfo* /*pInfo*/)
{
    // TODO: add cleanup after printing
}

/////////////////////////////////////////////////////////////////////////////
// CMyView diagnostics

#ifdef _DEBUG
void CMyView::AssertValid() const
{
    CView::AssertValid();
}

void CMyView::Dump(CDumpContext& dc) const
{
    CView::Dump(dc);
}

CMyDoc* CMyView::GetDocument() // non-debug version is inline
{
    ASSERT(m_pDocument->IsKindOf(RUNTIME_CLASS(CMyDoc)));
    return (CMyDoc*)m_pDocument;
}
#endif //_DEBUG
/////////////////////////////////////////////////////////////////////////////
// CMyView message handlers
```

4.2.3 실행 결과

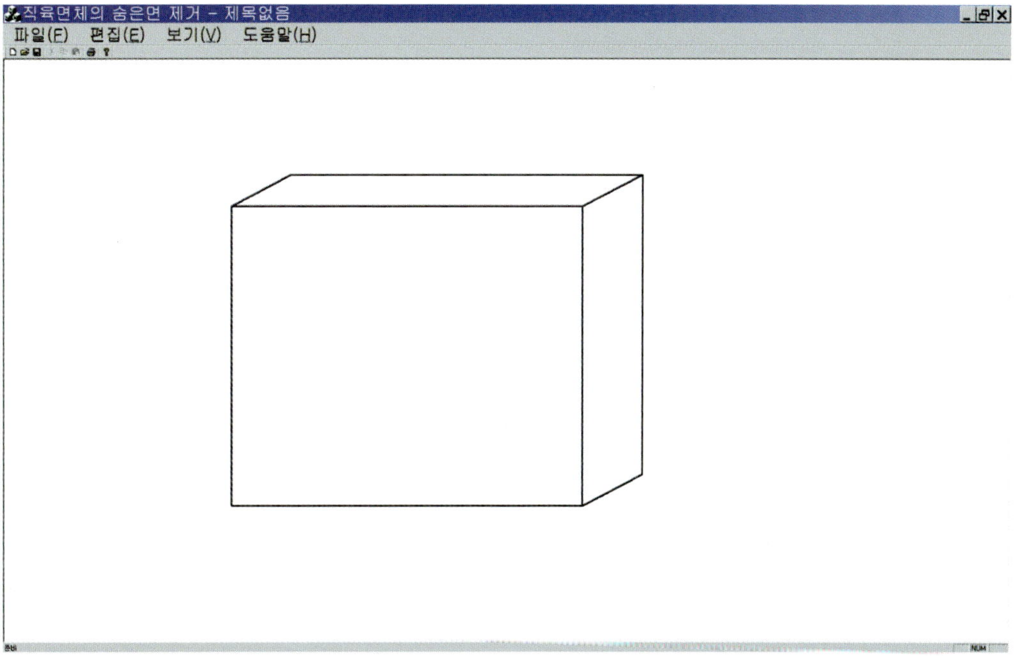

4.3 지구본

4.3.1 이론

지구본을 제작(?)하여 보자.

프로그램은 3 차원 구면을 y축, x축, z축에 대하여 순서대로 회전시킨 후에, 구면을 xy평면에 투영한다. 이 구면에는 실제의 지구본처럼 위도(latitude)와 경도(longitude)가 표시되어 있어 구면은 입체처럼 보인다. 숨은선은 우리에게 보이지 않는 위도와 경도이다.

프로그램을 분석하여 보자.

아래의 code fragment

```
    for (theta=pi; theta>-pi; theta-=interval)
        for (phi=0.0; phi<=2.0*pi; phi+=pi/44000.0)
        {
            x = radius*cos(theta)*sin(phi);
            y = radius*sin(theta);
            z = radius*cos(theta)*cos(phi);

            rotate(xr, yr, zr, &x, &y, &z);

            if ( z<0.0 )
                ;
            else
                pDC->SetPixel(int(x), int(y), RGB(0,0,0));
        }
```

는 위도를 그리는 부분인데, 마지막의 if 문에서 조건에 해당하면 이것은 숨은선이 된다.

그럼 아래의 code fragment

```
    for (phi=0.0; phi<=pi; phi+=interval)
        for (theta=0.0; theta<=2.0*pi; theta+=pi/44000.0 )
        {
            x = radius*cos(theta)*sin(phi);
            y = radius*sin(theta);
            z = radius*cos(theta)*cos(phi);

            rotate(xr, yr, zr, &x, &y, &z);

            if ( z<0.0 )
                ;
            else
                pDC->SetPixel(int(x), int(y), RGB(0,0,0));
        }
```

가 무엇을 하는 부분인지 쉽게 알 수 있을 것이다.

4.3.2 소스 코드

```
// 지구본View.cpp : implementation of the CMyView class
//
```

```
#include "stdafx.h"
#include "지구본.h"

#include "지구본Doc.h"
#include "지구본View.h"

#include <math.h>

void rotate( double xr, double yr, double zr, double *px, double *py, double *pz )
{
    double x1, y1, z1, x2, y2, z2, x3, y3, z3;

    x1 = (*pz)*sin(yr)+(*px)*cos(yr);
    y1 = *py;
    z1 = (*pz)*cos(yr)-(*px)*sin(yr);
    x2 = x1;
    y2 = z1*sin(xr)+y1*cos(xr);
    z2 = z1*cos(xr)-y1*sin(xr);
    x3 = x2*cos(zr)-y2*sin(zr);
    y3 = x2*sin(zr)+y2*cos(zr);
    z3 = z2;
    *px = x3;
    *py = y3;
    *pz = z3;
}
const double radius=1111.0;

#ifdef _DEBUG
#define new DEBUG_NEW
#undef THIS_FILE
static char THIS_FILE[] = __FILE__;
#endif

/////////////////////////////////////////////////////////////////////////////
// CMyView

IMPLEMENT_DYNCREATE(CMyView, CView)

BEGIN_MESSAGE_MAP(CMyView, CView)
    //{{AFX_MSG_MAP(CMyView)
        // NOTE - the ClassWizard will add and remove mapping macros here.
```

```
        //    DO NOT EDIT what you see in these blocks of generated code!
    //}}AFX_MSG_MAP
    // Standard printing commands
    ON_COMMAND(ID_FILE_PRINT, CView::OnFilePrint)
    ON_COMMAND(ID_FILE_PRINT_DIRECT, CView::OnFilePrint)
    ON_COMMAND(ID_FILE_PRINT_PREVIEW, CView::OnFilePrintPreview)
END_MESSAGE_MAP()

/////////////////////////////////////////////////////////////////////////////
// CMyView construction/destruction

CMyView::CMyView()
{
    // TODO: add construction code here

}
CMyView::~CMyView()
{
}

BOOL CMyView::PreCreateWindow(CREATESTRUCT& cs)
{
    // TODO: Modify the Window class or styles here by modifying
    //  the CREATESTRUCT cs

    return CView::PreCreateWindow(cs);
}

/////////////////////////////////////////////////////////////////////////////
// CMyView drawing

void CMyView::OnDraw(CDC* pDC)
{
    CMyDoc* pDoc = GetDocument();
    ASSERT_VALID(pDoc);

    double theta, phi;
    double x, y, z, xr, yr, zr;
    const double pi=3.1415926535, interval=pi/12.0;

    pDC->SetMapMode(MM_LOMETRIC);
```

```
    pDC->SetViewportOrg(1920/2, 1200/2);

    xr = -0.3*pi;
    yr = pi/5.0;
    zr = -0.4*pi;

    pDC->Ellipse(int(-radius), int(radius), int(radius), int(-radius));

    for (theta=pi; theta>-pi; theta-=interval)
        for (phi=0.0; phi<=2.0*pi; phi+=pi/44000.0)
        {
            x = radius*cos(theta)*sin(phi);
            y = radius*sin(theta);
            z = radius*cos(theta)*cos(phi);

            rotate(xr, yr, zr, &x, &y, &z);

            if ( z<0.0 )
                ;
            else
                pDC->SetPixel(int(x), int(y), RGB(0,255,0));
        }

    for (phi=0.0; phi<=pi; phi+=interval)
        for (theta=0.0; theta<=2.0*pi; theta+=pi/44000.0 )
        {
            x = radius*cos(theta)*sin(phi);
            y = radius*sin(theta);
            z = radius*cos(theta)*cos(phi);

            rotate(xr, yr, zr, &x, &y, &z);

            if ( z<0.0 )
                ;
            else
                pDC->SetPixel(int(x), int(y), RGB(0,255,0));
        }
}

/////////////////////////////////////////////////////////////////////////////
// CMyView printing
```

```
BOOL CMyView::OnPreparePrinting(CPrintInfo* pInfo)
{
    // default preparation
    return DoPreparePrinting(pInfo);
}

void CMyView::OnBeginPrinting(CDC* /*pDC*/, CPrintInfo* /*pInfo*/)
{
    // TODO: add extra initialization before printing
}

void CMyView::OnEndPrinting(CDC* /*pDC*/, CPrintInfo* /*pInfo*/)
{
    // TODO: add cleanup after printing
}

/////////////////////////////////////////////////////////////////////////////
// CMyView diagnostics

#ifdef _DEBUG
void CMyView::AssertValid() const
{
    CView::AssertValid();
}

void CMyView::Dump(CDumpContext& dc) const
{
    CView::Dump(dc);
}

CMyDoc* CMyView::GetDocument() // non-debug version is inline
{
    ASSERT(m_pDocument->IsKindOf(RUNTIME_CLASS(CMyDoc)));
    return (CMyDoc*)m_pDocument;
}
#endif //_DEBUG

/////////////////////////////////////////////////////////////////////////////
// CMyView message handlers
```

4.3.3 실행 결과

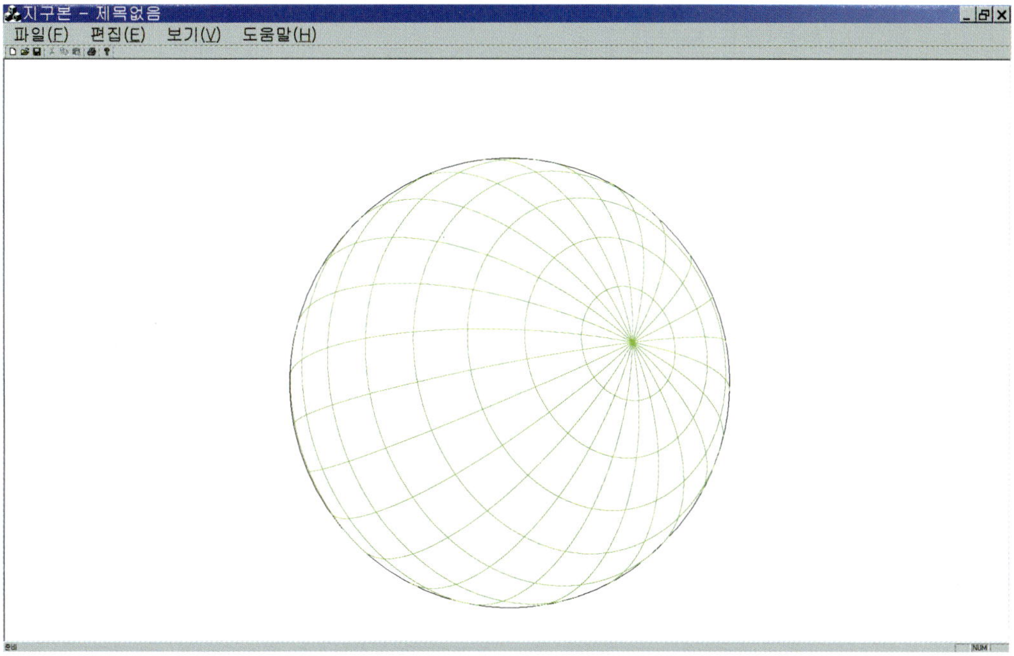

5 二變數函數(이변수함수)의 그래프

5.1 개론

이 chapter 에서는 二變數函數(이변수함수) $z = f(x, y)$의 함수를 간략하게 구현하여 볼 것이다.

우선은 투영의 원리에 충실하게 그래프를 그릴 것이다. 좀 보기에 좋지 않더라도 일단은 二變數函數(이변수함수)의 그래프를 직접 우리의 손으로 구현하여 본다.

그런 다음에는 위의 그래프에서 숨은선을 제거한다. 그러면 시각적으로 좀더 좋은 모양이 된다.

물론 여기에서도 간단한 방법으로 모든 문제를 해결할 것이다. 복잡한 알고리즘을 굳이 따질 필요는 없다. 복잡한 알고리즘을 익히는 것보다 알고리즘을 잘 활용하는 것에 목적이 있다는 것을 잊지 말아라.

5.2 二變數函數(이변수함수)①

5.2.1 이론

二變數函數(이변수함수)

$$z = 16x + \frac{577}{e^{0.1(x^2+2y^2)}}$$

의 그래프를 평행투영법으로 구현하여 보자.

그래프 전문 소프트웨어에서 二變數函數(이변수함수)의 그래프를 그리는 것이 아니라, 지금처럼 프로그래밍 언어를 사용하여 직접 그래프를 그리는 것은 매우 어려운 일이다. 위의 식에서 16 이나

577 은 필자가 계수를 이런저런 값들로 바꿔 가면서 프로그램을 실행하여 출력 결과가 보기에 괜찮은 경우를 찾은 것이다. 실행시켜 본 후, 그래프가 그려지는 순서를 눈여겨 보길 바란다.

5.2.2 소스 코드

```
// 이변수함수①View.cpp : implementation of the CMyView class
//

#include "stdafx.h"
#include "이변수함수①.h"

#include "이변수함수①Doc.h"
#include "이변수함수①View.h"

#include <math.h>

void move( CDC* pDC, double x, double y, double z, double alpha, double phi )
{
    double projectX, projectY, length, tanalpha;

    if ( (tanalpha=tan(alpha))!=0.0 )
        length = z/tanalpha;
    else
        length = 0.0;

    projectX = x + length*cos(phi);
    projectY = y - length*sin(phi);

    pDC->MoveTo( int(projectX), int(projectY));
}

void graph( CDC* pDC, double x, double y, double z, double alpha, double phi )
{
    double projectX, projectY, length, tanalpha;

    if ( (tanalpha=tan(alpha))!=0.0 )
        length = z/tanalpha;
    else
        length = 0.0;
```

```
    projectX = x + length*cos(phi);
    projectY = y - length*sin(phi);

    pDC->SetPixel(int(projectX), int(projectY), RGB(255,0,255));
}

#ifdef _DEBUG
#define new DEBUG_NEW
#undef THIS_FILE
static char THIS_FILE[] = __FILE__;
#endif

/////////////////////////////////////////////////////////////////////////////
// CMyView

IMPLEMENT_DYNCREATE(CMyView, CView)

BEGIN_MESSAGE_MAP(CMyView, CView)
    //{{AFX_MSG_MAP(CMyView)
        // NOTE - the ClassWizard will add and remove mapping macros here.
        //    DO NOT EDIT what you see in these blocks of generated code!
    //}}AFX_MSG_MAP
    // Standard printing commands
    ON_COMMAND(ID_FILE_PRINT, CView::OnFilePrint)
    ON_COMMAND(ID_FILE_PRINT_DIRECT, CView::OnFilePrint)
    ON_COMMAND(ID_FILE_PRINT_PREVIEW, CView::OnFilePrintPreview)
END_MESSAGE_MAP()

/////////////////////////////////////////////////////////////////////////////
// CMyView construction/destruction

CMyView::CMyView()
{
    // TODO: add construction code here

}
CMyView::~CMyView()
{
}
```

```
BOOL CMyView::PreCreateWindow(CREATESTRUCT& cs)
{
    // TODO: Modify the Window class or styles here by modifying
    //  the CREATESTRUCT cs

    return CView::PreCreateWindow(cs);
}

/////////////////////////////////////////////////////////////////////////////
// CMyView drawing

void CMyView::OnDraw(CDC* pDC)
{
    CMyDoc* pDoc = GetDocument();
    ASSERT_VALID(pDoc);

    const double pi=3.1415926535;
    double x, xx, y, yy, z;

    pDC->SetMapMode(MM_LOMETRIC);
    pDC->SetViewportOrg(1920/2, 1200/2);

    for (x=-1000.0; x<1001.0; x+=100.0)
    {
        xx = x/100.0;
        move(pDC, xx, -8.0, 0.0, 0.7*pi, 0.2*pi);

        for (y=-800.0; y<800.0; y+=0.005)
        {
            yy = y/100.0;
            z = 16.0*xx+577.0*exp(-0.1*(xx*xx+2.0*yy*yy));
            graph(pDC, x, y, z , 0.7*pi, 0.2*pi);
        }
    }

    for (y=-800.0; y<801.0; y+=100.0)
    {
        yy = y/100.0;
        move(pDC, -10.0, y, 0.0, 0.7*pi, 0.2*pi);

        for (x=-1000.0; x<1000.0; x+=0.005)
```

```
        {
            xx = x/100.0;
            z = 16.0*xx+577.0*exp(-0.1*(xx*xx+2.0*yy*yy));
            graph(pDC, x, y, z , 0.7*pi, 0.2*pi);
        }
    }
}

/////////////////////////////////////////////////////////////////////////////
// CMyView printing

BOOL CMyView::OnPreparePrinting(CPrintInfo* pInfo)
{
    // default preparation
    return DoPreparePrinting(pInfo);
}

void CMyView::OnBeginPrinting(CDC* /*pDC*/, CPrintInfo* /*pInfo*/)
{
    // TODO: add extra initialization before printing
}

void CMyView::OnEndPrinting(CDC* /*pDC*/, CPrintInfo* /*pInfo*/)
{
    // TODO: add cleanup after printing
}

/////////////////////////////////////////////////////////////////////////////
// CMyView diagnostics

#ifdef _DEBUG
void CMyView::AssertValid() const
{
    CView::AssertValid();
}

void CMyView::Dump(CDumpContext& dc) const
{
    CView::Dump(dc);
}
```

```
CMyDoc* CMyView::GetDocument() // non-debug version is inline
{
    ASSERT(m_pDocument->IsKindOf(RUNTIME_CLASS(CMyDoc)));
    return (CMyDoc*)m_pDocument;
}
#endif //_DEBUG

/////////////////////////////////////////////////////////////////////////////
// CMyView message handlers
```

5.2.3 실행 결과

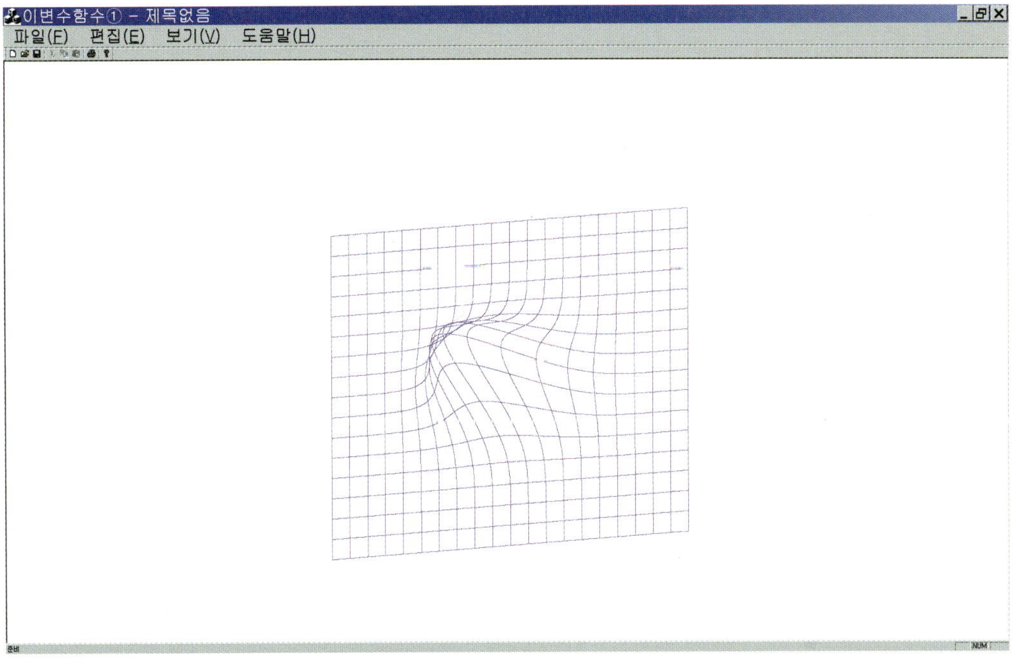

이 변 수 함 수

5.3 二變數函數②

5.3.1 이론

이 section 에서는 이전의 scetion 의 프로그램보다 짧은 길이의 code 로 二變數函數를 구현한다.

이 변 수 함 수
二變數函數

$$z = 120\cos\sqrt{x^2+y^2} + 7\cos 11\sqrt{x^2+y^2}$$

의 그래프를 그리는데 z축에 대해 회전을 시킨 후에, x축에 대해 회전을 시킨다. 두 번 회전시키고 나서는 화면에 투영한다.

프로그램에서 rotateZ 와 rotateX 의 값을 여러 가지로 바꾸어 보아라. 두 변수의 역할을 금방 알게 될 것이다.

한편, for 문을 보면 변수 x 의 증가치가 매우 작다는 것을 알 수 있는데, 이것은 그래프가 그려지는 것을 우리가 제대로 볼 수 있도록 하기 위해서 필자가 적당한 값을 지정한 것이다. 독자의 컴퓨터 속도에 따라 이 값을 적절히 지정하여라.

5.3.2 소스 코드

```
// 이변수함수②View.cpp : implementation of the CIiView class
//

#include "stdafx.h"
#include "이변수함수②.h"

#include "이변수함수②Doc.h"
#include "이변수함수②View.h"

#include <math.h>

#ifdef _DEBUG
#define new DEBUG_NEW
```

```
#undef THIS_FILE
static char THIS_FILE[] = __FILE__;
#endif

/////////////////////////////////////////////////////////////////////////////
// CMyView

IMPLEMENT_DYNCREATE(CMyView, CView)

BEGIN_MESSAGE_MAP(CMyView, CView)
    //{{AFX_MSG_MAP(CMyView)
        // NOTE - the ClassWizard will add and remove mapping macros here.
        //    DO NOT EDIT what you see in these blocks of generated code!
    //}}AFX_MSG_MAP
    // Standard printing commands
    ON_COMMAND(ID_FILE_PRINT, CView::OnFilePrint)
    ON_COMMAND(ID_FILE_PRINT_DIRECT, CView::OnFilePrint)
    ON_COMMAND(ID_FILE_PRINT_PREVIEW, CView::OnFilePrintPreview)
END_MESSAGE_MAP()

/////////////////////////////////////////////////////////////////////////////
// CMyView construction/destruction

CMyView::CMyView()
{
    // TODO: add construction code here

}

CMyView::~CMyView()
{
}

BOOL CMyView::PreCreateWindow(CREATESTRUCT& cs)
{
    // TODO: Modify the Window class or styles here by modifying
    //  the CREATESTRUCT cs

    return CView::PreCreateWindow(cs);
}
```

```
/////////////////////////////////////////////////////////////////////////////
// CMyView drawing

void CMyView::OnDraw(CDC* pDC)
{
    CMyDoc* pDoc = GetDocument();
    ASSERT_VALID(pDoc);

    double y, x, z, xx, yy;
    const double pi=3.1415926535, radian=pi/180.0;
    double rotateZ=pi/10.0, rotateX=pi/4.0;

    pDC->SetMapMode(MM_LOMETRIC);
    pDC->SetViewportOrg(1920/2, 1200/2);

    for (y=-800.0; y<=800.0; y+=40.0)
        for (x=-800.0; x<=800.0; x+=0.01)
        {
            z = 120.0*cos(radian*sqrt(x*x+y*y))+7.0*cos(radian*11.0*sqrt(x*x+y*y));
            xx = x*cos(rotateZ)-y*sin(rotateZ);
            yy = z*cos(rotateX)-(-x*sin(rotateZ)-y*cos(rotateZ))*sin(rotateX);
            pDC->SetPixel(int(xx), int(yy), RGB(255,0,255));
        }
}

/////////////////////////////////////////////////////////////////////////////
// CMyView printing

BOOL CMyView::OnPreparePrinting(CPrintInfo* pInfo)
{
    // default preparation
    return DoPreparePrinting(pInfo);
}

void CMyView::OnBeginPrinting(CDC* /*pDC*/, CPrintInfo* /*pInfo*/)
{
    // TODO: add extra initialization before printing
}

void CMyView::OnEndPrinting(CDC* /*pDC*/, CPrintInfo* /*pInfo*/)
{
```

```
    // TODO: add cleanup after printing
}

/////////////////////////////////////////////////////////////////////////////
// CMyView diagnostics

#ifdef _DEBUG
void CMyView::AssertValid() const
{
    CView::AssertValid();
}

void CMyView::Dump(CDumpContext& dc) const
{
    CView::Dump(dc);
}

CMyDoc* CMyView::GetDocument() // non-debug version is inline
{
    ASSERT(m_pDocument->IsKindOf(RUNTIME_CLASS(CMyDoc)));
    return (CMyDoc*)m_pDocument;
}
#endif //_DEBUG

/////////////////////////////////////////////////////////////////////////////
// CMyView message handlers
```

5.3.3. 실행 결과

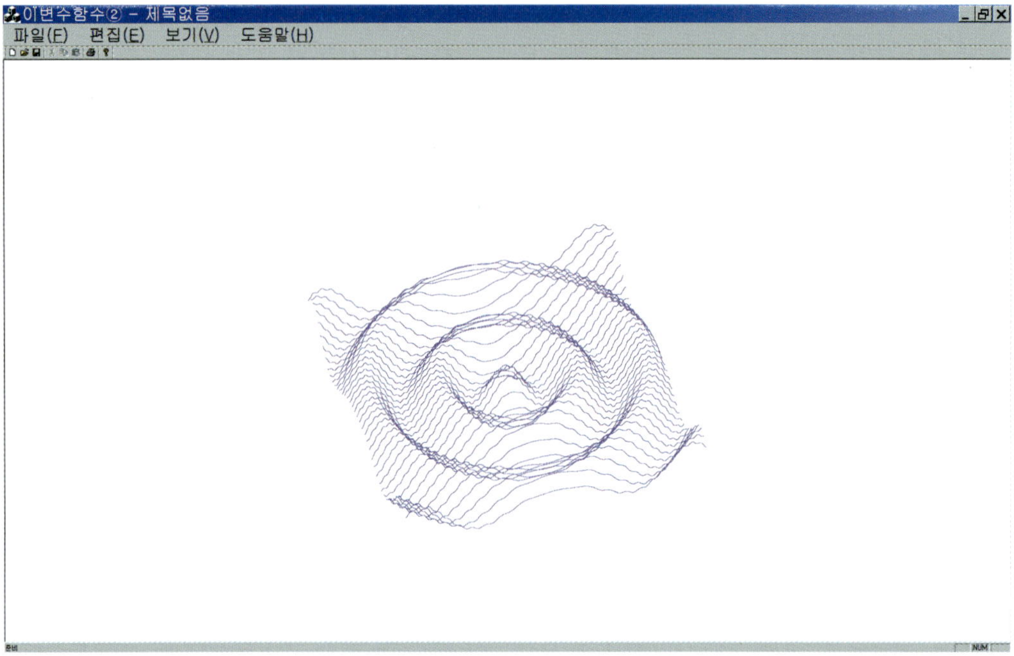

5.4 二變數函數(이변수함수)③

5.4.1 이론

二變數函數(이변수함수)②의 그래프에는 숨은선이 그대로 표현되어 있다. 이번에는 이 숨은선을 제거하여 보다 실감나는 그래프를 구현해 보자. 숨은선을 제거하기 위해 프로그램에서 사용한 기법은 최대최소법이라고 하는 것이다. 최대최소법은 수학 함수의 그래프를 그릴 때에만 적용되는 알고리즘이다.

5.4.2 소스 코드

```
// 이변수함수③View.cpp : implementation of the CMyView class
//

#include "stdafx.h"
#include "이변수함수③.h"

#include "이변수함수③Doc.h"
#include "이변수함수③View.h"

#include <math.h>

#ifdef _DEBUG
#define new DEBUG_NEW
#undef THIS_FILE
static char THIS_FILE[] = __FILE__;
#endif

/////////////////////////////////////////////////////////////////////////////
// CMyView

IMPLEMENT_DYNCREATE(CMyView, CView)

BEGIN_MESSAGE_MAP(CMyView, CView)
    //{{AFX_MSG_MAP(CMyView)
        // NOTE - the ClassWizard will add and remove mapping macros here.
        //    DO NOT EDIT what you see in these blocks of generated code!
    //}}AFX_MSG_MAP
    // Standard printing commands
    ON_COMMAND(ID_FILE_PRINT, CView::OnFilePrint)
    ON_COMMAND(ID_FILE_PRINT_DIRECT, CView::OnFilePrint)
    ON_COMMAND(ID_FILE_PRINT_PREVIEW, CView::OnFilePrintPreview)
END_MESSAGE_MAP()

/////////////////////////////////////////////////////////////////////////////
// CMyView construction/destruction

CMyView::CMyView()
{
    // TODO: add construction code here
```

```
}

CMyView::~CMyView()
{
}

BOOL CMyView::PreCreateWindow(CREATESTRUCT& cs)
{
    // TODO: Modify the Window class or styles here by modifying
    //  the CREATESTRUCT cs

    return CView::PreCreateWindow(cs);
}

/////////////////////////////////////////////////////////////////////////////
// CMyView drawing

void CMyView::OnDraw(CDC* pDC)
{
    CMyDoc* pDoc = GetDocument();
    ASSERT_VALID(pDoc);

    static int ymin[3000],ymax[3000];
    int k, xx, yy;
    double y, x, z;
    const double pi=3.1415926535, radian=pi/180.0;
    double rotateZ=pi/10.0, rotateX=pi/4.0;

    pDC->SetMapMode(MM_LOMETRIC);
    pDC->SetViewportOrg(1920/2, 1200/2);

    for (k=0;k<3000;k++)   /* 최솟값과 최댓값 저장 */
    {
        ymin[k]=30000;
        ymax[k]=-30000;
    }

    for (y=-800.0; y<=800.0; y+=40.0)
        for (x=-800.0; x<=800.0; x+=0.01)
        {
```

```
            z = 120.0*cos(radian*sqrt(x*x+y*y))+7.0*cos(radian*11.0*sqrt(x*x+y*y));
            xx = (int)(x*cos(rotateZ)-y*sin(rotateZ));
            yy = (int)(z*cos(rotateX)-(-x*sin(rotateZ)-y*cos(rotateZ))*sin(rotateX));

            if (yy<ymin[xx+1000])   /* 최솟값보다 작으면 점을 찍는다 */
            {
                ymin[xx+1000]=yy;
                pDC->SetPixel(xx, yy, RGB(255,0,255));
            }
            if (yy>ymax[xx+1000])   /* 최댓값보다 크면 점을 찍는다 */
            {
                ymax[xx+1000]=yy;
                pDC->SetPixel(xx, yy, RGB(255,0,255));
            }
        }
}

/////////////////////////////////////////////////////////////////////////////
// CMyView printing

BOOL CMyView::OnPreparePrinting(CPrintInfo* pInfo)
{
    // default preparation
    return DoPreparePrinting(pInfo);
}

void CMyView::OnBeginPrinting(CDC* /*pDC*/, CPrintInfo* /*pInfo*/)
{
    // TODO: add extra initialization before printing
}

void CMyView::OnEndPrinting(CDC* /*pDC*/, CPrintInfo* /*pInfo*/)
{
    // TODO: add cleanup after printing
}

/////////////////////////////////////////////////////////////////////////////
// CMyView diagnostics

#ifdef _DEBUG
void CMyView::AssertValid() const
```

```
{
    CView::AssertValid();
}

void CMyView::Dump(CDumpContext& dc) const
{
    CView::Dump(dc);
}

CMyDoc* CMyView::GetDocument() // non-debug version is inline
{
    ASSERT(m_pDocument->IsKindOf(RUNTIME_CLASS(CMyDoc)));
    return (CMyDoc*)m_pDocument;
}
#endif //_DEBUG

/////////////////////////////////////////////////////////////////////////////
// CMyView message handlers
```

5.4.3. 실행 결과

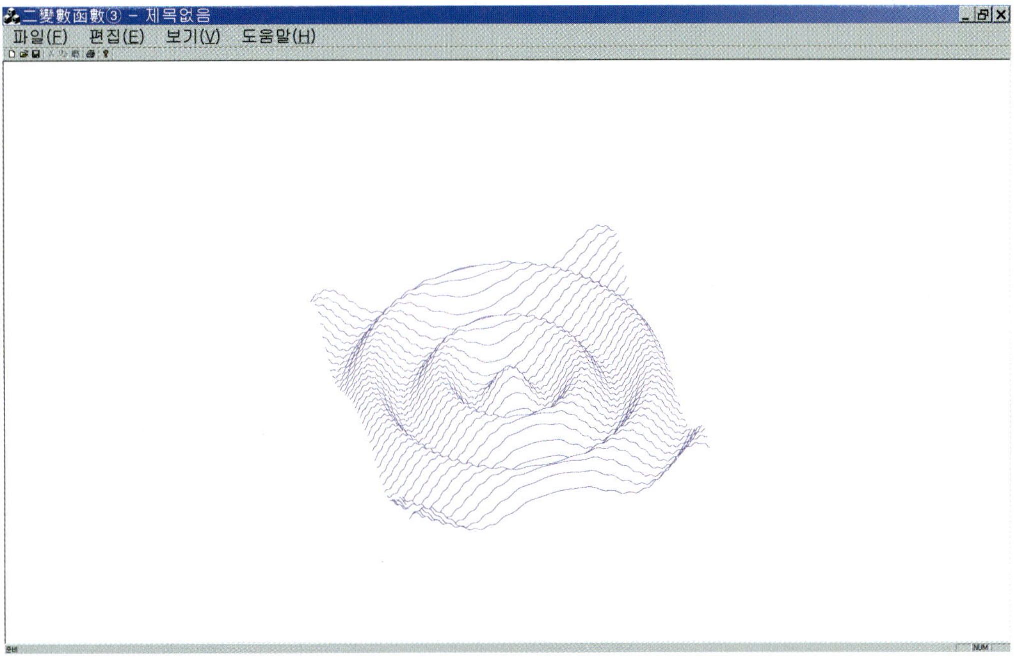

6 빛의 반사에 대한 Bui Tuong Phong 의 모델

6.1 개론

투명한 매질#1 내에서 진행하는 광선이 매질#2 과의 경계면을 만나면, 입사 광선의 일부는 매질#1 로 되돌아간다. 이러한 현상을 반사라고 한다.

아래의 그림

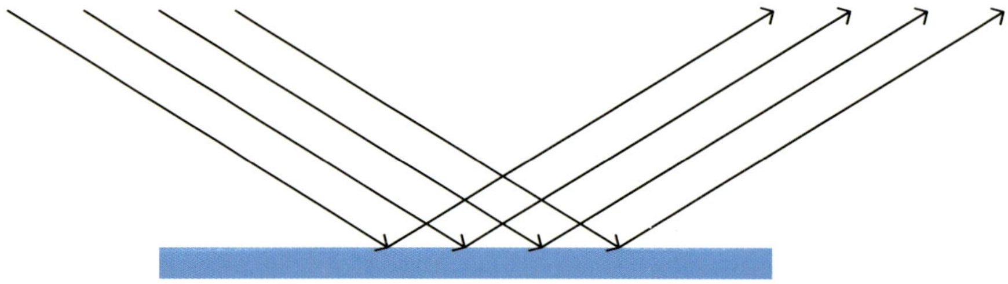

은 거울과 같이 매끄러운 반사면에 입사된 여러 개의 광선들을 보여준다. 여기에서 매끄럽다는 말은 면의 울퉁불퉁한 정도가 빛의 파장에 비해서 매우 작다는 것을 뜻한다. 반사된 광선들은 그림에 나타낸 바와 같이 각각 평행을 이룬다. 이와 같이 매끄러운 표면에서 빛이 반사되는 것을 거울반사(specular reflection)라고 부른다.

반면에 만일 반사면이

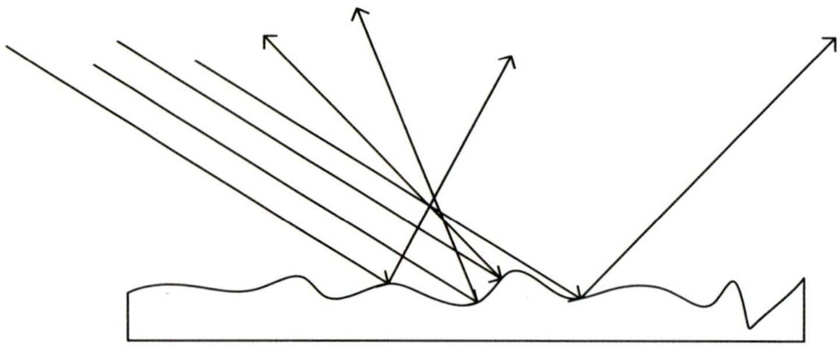

과 같이 거칠다면, 광선은 여러 방향으로 반사될 것이다. 거친 면에서 반사되는 것을 퍼진 반사(diffuse reflection)라고 부른다.

이를테면 야간 운전시에 도로 표면에서 볼 수 있는 두 가지 유형의 반사를 생각해 보자. 도로가 건조할 때 다가오는 승용차로부터 나오는 빛은 여러 방향으로 산란(퍼진 반사)되어 도로가 잘 보인다. 비오는 밤 도로가 물에 젖어 있을 때는 도로의 울퉁불퉁한 곳이 물로 채워진다. 물에 젖은 면은 아주 매끄럽게 되기 때문에 빛은 거울 반사를 한다. 이것은 빛이 똑바로 반사되는 것을 의미하며, 따라서 자동차 운전자는 오직 자신의 전방만을 보게 된다. 옆에서 들어오는 빛은 운전자의 눈에 전혀 들어올 수 없다.

지금까지 설명한 내용은 순수하게 물리학적인 지식을 이야기한 것이다. 실제로 컴퓨터로 구현하는 것은 그것보다 단순화된 모델을 시늉내기한다.

Bui Tuong Phong 이 제시한 반사 모델은 빛샘(light source)이 점빛샘(point light source)이라고 가정한다. 빛샘이 점빛샘이라는 것은 빛샘의 강도 분포(intensity distribution)를 무시한다는 것을 의미한다.

Phong 의 모델은 빛샘과 관찰자(viewer)가 무한대에 위치해 있다고 가정한다. 따라서 물체의 표면에서의 기하(geometry)를 제외하고 모든 기하를 무시한다.

이 모델은 거울반사의 색이 빛샘의 색이라고 가정한다. 즉 물체에 상관없이 highlight 부분이 하얗게 나타난다.

Phong 의 반사 모델은 퍼진 반사, 거울반사, ambient light 의 세 가지로 이루어져 있다. 이 chapter 에서는 이러한 Phong 의 반사 모델을 프로그램으로 구현하여 볼 것이다.

참고로 점빛샘에서 발생하는 구면파를 물리적으로 짚어보자. 이 부분은 독자들이 건너뛰어도 괜찮은 부분이다. 대부분의 독자는 그냥 넘어가면 된다.

점빛샘에서 나오는 광선은 모든 방향으로 고르게 퍼져 나간다. 이처럼 등방성(isotropic)이 있는 빛샘에서 나온 파면들은 지름이 증가하는 동심구들을 형성한다. 구면파의 파면들이 가지고 있는 대칭성을 다루는 데에는 구면좌표계가 적격이다.

구면좌표계에서 라플라시안 연산자는

$$\nabla^2 = \frac{1}{r^2}\frac{\partial}{\partial r}\left[r^2\frac{\partial}{\partial r}\right] + \frac{1}{r^2 \sin\theta}\frac{\partial}{\partial\theta}\left[\sin\theta\frac{\partial}{\partial\theta}\right] + \frac{1}{r^2\sin^2\theta}\frac{\partial^2}{\partial\phi^2} \quad [1]$$

이다.

그런데 구면파는 θ와 ϕ에 의존하지 않는 구대칭을 가지므로

$$\Psi(r,\theta,\phi) = \Psi(r)$$

과 같이 쓸 수 있다.

따라서 $\Psi(r)$의 라플라시안은

$$\nabla^2\Psi(r) = \frac{1}{r^2}\frac{\partial}{\partial r}\left[r^2\frac{\partial\Psi(r)}{\partial r}\right] \quad [2]$$

이다.

만약 [1]을 모른다면? 그럴 경우에는 직교좌표계에서 라플라시안 연산자의 정의식인

$$\nabla^2 \equiv \frac{\partial^2}{\partial x^2} + \frac{\partial^2}{\partial y^2} + \frac{\partial^2}{\partial z^2}$$

을 구대칭 파동함수 $\Psi(r)$에 적용시키는 방법으로 문제를 해결할 수 있다. 잠시 시간을 내서 그 과정을 살펴 보자.

연쇄법칙(chain rule)에 의하여

$$\frac{\partial\Psi}{\partial x} = \frac{\partial\Psi}{\partial r}\frac{\partial r}{\partial x}, \quad \frac{\partial^2\Psi}{\partial x^2} = \frac{\partial^2\Psi}{\partial r^2}\left(\frac{\partial r}{\partial x}\right)^2 + \frac{\partial\Psi}{\partial r}\frac{\partial^2 r}{\partial x^2}$$

가 성립한다.

위의 식에서 $\frac{\partial r}{\partial x}$과 $\frac{\partial^2 r}{\partial x^2}$은 각각

$$\frac{\partial r}{\partial x} = \frac{\partial\sqrt{x^2+y^2+z^2}}{\partial x} = \frac{x}{\sqrt{x^2+y^2+z^2}} = \frac{x}{r},$$

$$\frac{\partial^2 r}{\partial x^2} = \frac{1}{r}\frac{\partial}{\partial x}x + x\frac{\partial}{\partial x}\left[\frac{1}{r}\right] = \frac{1}{r}\left(1 - \frac{x^2}{r^2}\right)$$

이다.

따라서

$$\frac{\partial^2 \Psi}{\partial x^2} = \frac{x^2}{r^2}\frac{\partial^2 \Psi}{\partial r^2} + \frac{1}{r}\left(1 - \frac{x^2}{r^2}\right)\frac{\partial \Psi}{\partial r}$$

이 된다.

마찬가지 방식으로

$$\frac{\partial^2 \Psi}{\partial y^2} = \frac{y^2}{r^2}\frac{\partial^2 \Psi}{\partial r^2} + \frac{1}{r}\left(1 - \frac{y^2}{r^2}\right)\frac{\partial \Psi}{\partial r},$$

$$\frac{\partial^2 \Psi}{\partial z^2} = \frac{z^2}{r^2}\frac{\partial^2 \Psi}{\partial r^2} + \frac{1}{r}\left(1 - \frac{z^2}{r^2}\right)\frac{\partial \Psi}{\partial r}$$

가 된다.

위의 세 식을 더하면

$$\begin{aligned}\nabla^2 \Psi &= \frac{x^2}{r^2}\frac{\partial^2 \Psi}{\partial r^2} + \frac{1}{r}\left(1 - \frac{x^2}{r^2}\right)\frac{\partial \Psi}{\partial r} + \frac{y^2}{r^2}\frac{\partial^2 \Psi}{\partial r^2} + \frac{1}{r}\left(1 - \frac{y^2}{r^2}\right)\frac{\partial \Psi}{\partial r} + \frac{z^2}{r^2}\frac{\partial^2 \Psi}{\partial r^2} + \frac{1}{r}\left(1 - \frac{z^2}{r^2}\right)\frac{\partial \Psi}{\partial r} \\ &= \frac{\partial^2 \Psi}{\partial r^2} + \frac{1}{r}\left(3 - \frac{x^2}{r^2} - \frac{y^2}{r^2} - \frac{z^2}{r^2}\right)\frac{\partial \Psi}{\partial r} = \frac{\partial^2 \Psi}{\partial r^2} + \frac{2}{r}\frac{\partial \Psi}{\partial r} = \frac{1}{r}\frac{\partial^2 [r\Psi]}{\partial r^2}\end{aligned}$$

을 얻게 된다. 이것은 [2]과 동등한 식이다.

위의 결과로부터 파동방정식을

$$\nabla^2 \Psi = \frac{1}{r}\frac{\partial^2 [r\Psi]}{\partial r^2} = \frac{1}{v^2}\frac{\partial^2 \Psi}{\partial t^2}$$

과 같이 세울 수 있다.

양변에 r을 곱하면

$$\frac{\partial^2 [r\Psi]}{\partial r^2} = \frac{1}{v^2}\frac{\partial^2 [r\Psi]}{\partial t^2}$$

이다. 이것은 공간변수가 r이고 파동함수가 $r\Psi$인 일차원 파동방정식이다.

위의 미분방정식의 해는

$$r\Psi(r,t) = f(r - vt), \quad r\Psi(r,t) = g(r + vt)$$

이다. 앞의 것은 v의 속도로 점빛샘으로부터 지름방향으로 진행하는 구면파를 나타내고, 뒤의 것은 점빛샘으로 수렴해 들어가는 구면파를 의미한다.

일반해

$$\Psi(r,t) = c_1 \frac{f(r - vt)}{r} + c_2 \frac{g(r + vt)}{r}$$

의 특별한 경우인 조화구면파는

$$\Psi(r,t) = \Psi_0 \frac{e^{ik(r \mp vt)}}{r}$$

으로 표현할 수 있다.

6.2 퍼진 반사(Diffuse Reflection)

6.2.1 이론

우리 주변에 있는 대부분의 물체들은 빛샘(light source)이 아니다. 즉 그들은 빛을 방출하지 않는다. 그들은 daylight 나 인공적인 빛샘으로부터 방출된 빛을 흡수하거나 반사한다. 우리가 어떤 물체를 볼 때, 만약 그 물체가 노란색이라면, 그 물체로 입사한 빛에서 노란 구성 요소가 반사하여 우리의 눈에 들어온 것이다. 이러한 반사가 퍼진 반사(diffuse reflection)이다.

퍼진 반사는 모든 방향으로 빛이 산란되는 것이다. 모든 방향으로 빛이 산란된다는 것은 관찰자(viewer)가 보게 되는 반사된 빛의 양이 관찰자의 위치에 의존하지 않는다는 것을 의미한다. 이상적인(ideal) 퍼진 반사는 모든 방향으로 균등하게 빛이 산란된 것이다.

퍼진 반사된 빛의 세기는 람베르트의 법칙(Lambert's law)

$$I_d = I_0 k_d \cos\theta = I_0 k_d \hat{\mathbf{L}} \cdot \hat{\mathbf{N}}$$

으로 구할 수 있다. 여기에서 I_0는 빛샘의 세기이고, k_d는 물체에 입사된 빛의 파장(wavelength)과 물체의 특성에 의존하는 상수이다. θ는 시점이 물체의 표면상의 점이고 종점이 빛샘인 벡터 **L**와 그 표면에 수직한 법선벡터(normal vector) **N** 가 이루는 각이다. 이 상황을 나타낸 그림

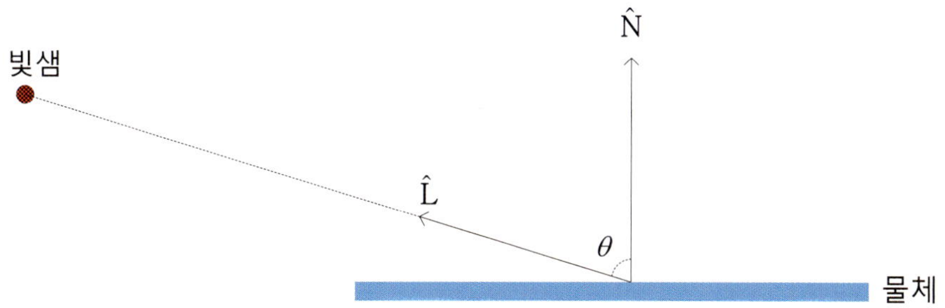

을 곁들여서 보면 더 나을 것이다.

만약 빛샘이 하나보다 많다면 퍼진 반사된 빛의 세기는

$$I_d = I_1 k_d \cos\theta_1 + I_2 k_d \cos\theta_2 + I_3 k_d \cos\theta_3 + \cdots$$

가 된다.

6.2.2 소스 코드

```
// 퍼진 반사View.cpp : implementation of the CMyView class
//

#include "stdafx.h"
#include "퍼진 반사.h"

#include "퍼진 반사Doc.h"
#include "퍼진 반사View.h"

#include <cmath>

#ifdef _DEBUG
#define new DEBUG_NEW
#undef THIS_FILE
static char THIS_FILE[] = __FILE__;
#endif

/////////////////////////////////////////////////////////////////////////////
// CMyView
```

```
IMPLEMENT_DYNCREATE(CMyView, CView)

BEGIN_MESSAGE_MAP(CMyView, CView)
    //{{AFX_MSG_MAP(CMyView)
        // NOTE - the ClassWizard will add and remove mapping macros here.
        //    DO NOT EDIT what you see in these blocks of generated code!
    //}}AFX_MSG_MAP
    // Standard printing commands
    ON_COMMAND(ID_FILE_PRINT, CView::OnFilePrint)
    ON_COMMAND(ID_FILE_PRINT_DIRECT, CView::OnFilePrint)
    ON_COMMAND(ID_FILE_PRINT_PREVIEW, CView::OnFilePrintPreview)
END_MESSAGE_MAP()

/////////////////////////////////////////////////////////////////////////////
// CMyView construction/destruction

CMyView::CMyView()
{
    // TODO: add construction code here

}

CMyView::~CMyView()
{
}

BOOL CMyView::PreCreateWindow(CREATESTRUCT& cs)
{
    // TODO: Modify the Window class or styles here by modifying
    //  the CREATESTRUCT cs

    return CView::PreCreateWindow(cs);
}

/////////////////////////////////////////////////////////////////////////////
// CMyView drawing

void CMyView::OnDraw(CDC* pDC)
{
    CMyDoc* pDoc = GetDocument();
    ASSERT_VALID(pDoc);
```

```
CRect rect;
GetClientRect(&rect);
pDC->SetMapMode(MM_LOMETRIC);
pDC->SetViewportOrg(rect.Width()/2, rect.Height()/2);

double Lx, Lz, Ly, y, x, z;
double dotProduct, Intensity;
int i, j;

Lx = 0.7;
Ly = 0.5;
Lz = sqrt(1.0-Lx*Lx-Ly*Ly);

for (j=-800; j<800; j++)
{
    y = j / 800.0;

    for (i=-800; i<800; i++)
    {
        x = i / 800.0;

        if ( (x*x+y*y)<1.0 )
        {
            z = sqrt(1.0-x*x-y*y);
            dotProduct = Lx*x + Ly*y + Lz*z;

            if ( dotProduct<0.0 )
                dotProduct = 0.0;

            Intensity = 0.9*dotProduct;

            if ( Intensity>1.0 )
                Intensity = 1.0;
        }
        else
            Intensity = 1.0;

        pDC->SetPixel(i, j, RGB(Intensity*255.0, Intensity*255.0, Intensity*255.0));
    }
}
```

```
}

/////////////////////////////////////////////////////////////////////////////
// CMyView printing

BOOL CMyView::OnPreparePrinting(CPrintInfo* pInfo)
{
    // default preparation
    return DoPreparePrinting(pInfo);
}

void CMyView::OnBeginPrinting(CDC* /*pDC*/, CPrintInfo* /*pInfo*/)
{
    // TODO: add extra initialization before printing
}

void CMyView::OnEndPrinting(CDC* /*pDC*/, CPrintInfo* /*pInfo*/)
{
    // TODO: add cleanup after printing
}

/////////////////////////////////////////////////////////////////////////////
// CMyView diagnostics

#ifdef _DEBUG
void CMyView::AssertValid() const
{
    CView::AssertValid();
}

void CMyView::Dump(CDumpContext& dc) const
{
    CView::Dump(dc);
}

CMyDoc* CMyView::GetDocument() // non-debug version is inline
{
    ASSERT(m_pDocument->IsKindOf(RUNTIME_CLASS(CMyDoc)));
    return (CMyDoc*)m_pDocument;
}
#endif //_DEBUG
```

```
/////////////////////////////////////////////////////////////////////////////
// CMyView message handlers
```

6.2.3 실행 결과

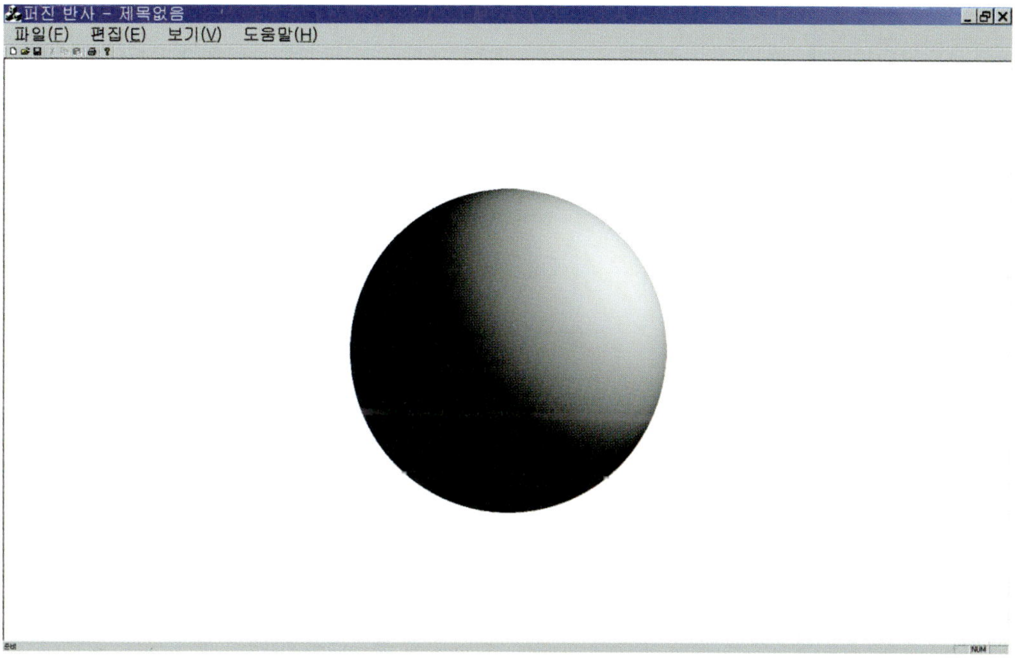

6.3 Ambient Light

6.3.1 이론

퍼진 반사만을 이용하여 물체를 표현하면, 빛을 직접 받지 않는 물체의 부분은 검게 나타난다. 이것은 어두운 야외에서 전등 하나만을 켜놓았을 때 보이는 풍경과 비슷하여 밝은 부분을 제외한 곳은 알아보기가 어렵다.

하지만 빛을 직접 받지 않는 물체의 부분이 실제로는 검게 보이지 않는다. 왜냐하면 빛을 직접 받지 않는 물체의 부분이라 하더라도 빛을 받은 다른 부분이나 물체가 다시 퍼뜨린 빛을 조금 받기 때문이다.

ambient light 은 벽(walls)과 물체로부터 반사된 빛을 말한다. ambient light 은 모든 방향으로부터 물체의 표면에 입사한다. ambient light 은 간단하게 상수항(constant term)으로 나타낼 수 있다.

앞의 section 에서 공부했던 퍼진 반사(diffuse reflection)와 ambient light 를 결합하면

$$I = I_0 k_d \cos\theta + I_a k_a$$

가 된다.

이 section 의 프로그램의 실행 결과와 이전의 section 의 프로그램의 실행 결과의 차이점이 무엇인지 알 수 있겠는가? 전체적으로 물체가 밝아졌다.

6.3.2. 소스 코드

```
// ambient lightView.cpp : implementation of the CAmbientlightView class
//

#include "stdafx.h"
#include "ambient light.h"

#include "ambient lightDoc.h"
#include "ambient lightView.h"

#include <cmath>

#ifdef _DEBUG
#define new DEBUG_NEW
#undef THIS_FILE
static char THIS_FILE[] = __FILE__;
#endif

/////////////////////////////////////////////////////////////////////////////
// CAmbientlightView
```

```
IMPLEMENT_DYNCREATE(CAmbientlightView, CView)

BEGIN_MESSAGE_MAP(CAmbientlightView, CView)
    //{{AFX_MSG_MAP(CAmbientlightView)
        // NOTE - the ClassWizard will add and remove mapping macros here.
        //    DO NOT EDIT what you see in these blocks of generated code!
    //}}AFX_MSG_MAP
    // Standard printing commands
    ON_COMMAND(ID_FILE_PRINT, CView::OnFilePrint)
    ON_COMMAND(ID_FILE_PRINT_DIRECT, CView::OnFilePrint)
    ON_COMMAND(ID_FILE_PRINT_PREVIEW, CView::OnFilePrintPreview)
END_MESSAGE_MAP()

/////////////////////////////////////////////////////////////////////////////
// CAmbientlightView construction/destruction

CAmbientlightView::CAmbientlightView()
{
    // TODO: add construction code here

}

CAmbientlightView::~CAmbientlightView()
{
}

BOOL CAmbientlightView::PreCreateWindow(CREATESTRUCT& cs)
{
    // TODO: Modify the Window class or styles here by modifying
    //  the CREATESTRUCT cs

    return CView::PreCreateWindow(cs);
}

/////////////////////////////////////////////////////////////////////////////
// CAmbientlightView drawing

void CAmbientlightView::OnDraw(CDC* pDC)
{
    CAmbientlightDoc* pDoc = GetDocument();
    ASSERT_VALID(pDoc);
```

```
CRect rect;
GetClientRect(&rect);
pDC->SetMapMode(MM_LOMETRIC);
pDC->SetViewportOrg(rect.Width()/2, rect.Height()/2);

double ambient = 0.31;
double Lx, Lz, Ly, y, x, z;
double dotProduct, Intensity;
int i, j;

Lx = 0.7;
Ly = 0.5;
Lz = sqrt(1.0-Lx*Lx-Ly*Ly);

for (j=-800; j<800; j++)
{
    y = j / 800.0;

    for (i=-800; i<800; i++)
    {
        x = i / 800.0;

        if ( (x*x+y*y)<1.0 )
        {
            z = sqrt(1.0-x*x-y*y);
            dotProduct = Lx*x + Ly*y + Lz*z;

            if ( dotProduct<0.0 )
                dotProduct = 0.0;

            Intensity = 0.7*dotProduct + ambient;

            if ( Intensity>1.0 )
                Intensity = 1.0;
        }
        else
            Intensity = 1.0;

        pDC->SetPixel(i, j, RGB(Intensity*255.0, Intensity*255.0, Intensity*255.0));
    }
```

```
    }
}

////////////////////////////////////////////////////////////////////////////
// CAmbientlightView printing

BOOL CAmbientlightView::OnPreparePrinting(CPrintInfo* pInfo)
{
    // default preparation
    return DoPreparePrinting(pInfo);
}

void CAmbientlightView::OnBeginPrinting(CDC* /*pDC*/, CPrintInfo* /*pInfo*/)
{
    // TODO: add extra initialization before printing
}

void CAmbientlightView::OnEndPrinting(CDC* /*pDC*/, CPrintInfo* /*pInfo*/)
{
    // TODO: add cleanup after printing
}

////////////////////////////////////////////////////////////////////////////
// CAmbientlightView diagnostics

#ifdef _DEBUG
void CAmbientlightView::AssertValid() const
{
    CView::AssertValid();
}

void CAmbientlightView::Dump(CDumpContext& dc) const
{
    CView::Dump(dc);
}

CAmbientlightDoc* CAmbientlightView::GetDocument() // non-debug version is inline
{
    ASSERT(m_pDocument->IsKindOf(RUNTIME_CLASS(CAmbientlightDoc)));
    return (CAmbientlightDoc*)m_pDocument;
}
```

```
#endif //_DEBUG

/////////////////////////////////////////////////////////////////////////////
// CAmbientlightView message handlers
```

6.3.3 실행 결과

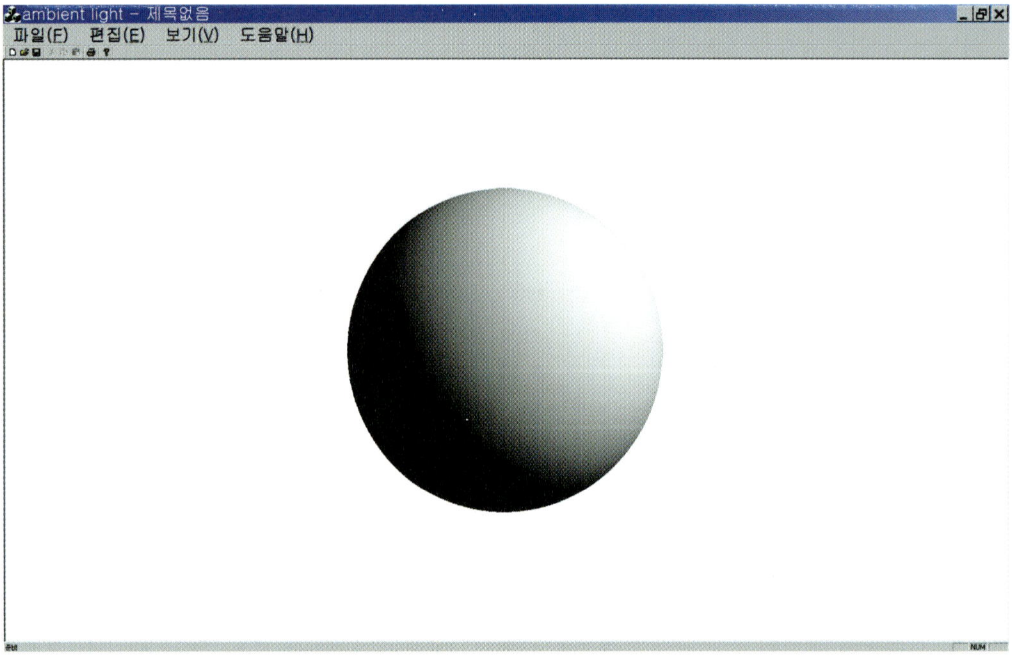

6.4 거울반사(Specular Reflection)

6.4.1 이론

대부분의 물체들은 빛을 분산시키지만, 빛을 반사시키는 물체도 상당히 많다. 이러한 반사현상은 표면의 광택과 직접 관련된다. 직접 반사되는 빛을 바라보는 경우에는 반사된 빛이 눈에 많이 들어오므로 물체의 표면에서 highlight 를 보게 된다.

어떤 특정한 각도에서 종이를 보면, 마치 거울을 보는 것처럼 눈이 부신 경우가 있다. 이 경우에 종이의 색과는 상관없이 highlight 영역에 광원의 색이 나타난다. 이것은 highlight 영역은 광원의 빛을 직접 반사시킨 부분이므로 종이의 색이 별로 나타나지 않기 때문이다. 이러한 현상을 거울반사(specular reflection)라고 한다.

표면상에서 단일 빛살(single ray)이나 단일점에 대하여, 이전에 비하여 두 개의 단위벡터를 추가하면 거울반사를 모델링할 수 있다. 아래의 그림

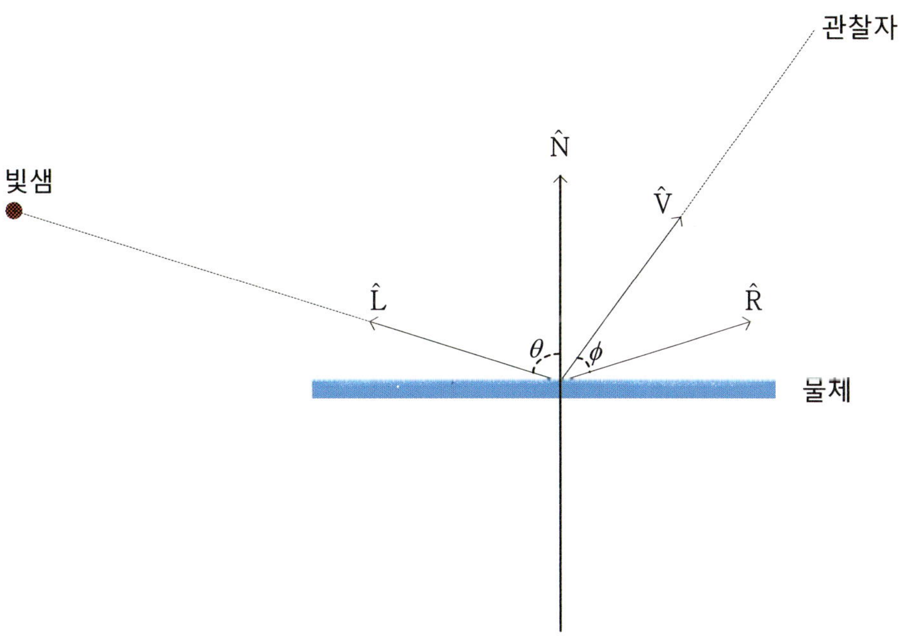

에서 $\hat{\mathbf{L}}$과 $\hat{\mathbf{N}}$은 이전과 같은 벡터이다. 추가된 단위벡터는 $\hat{\mathbf{V}}$과 $\hat{\mathbf{R}}$이다. $\hat{\mathbf{R}}$의 방향은 거울반사된 빛이 향하는 방향이고, $\hat{\mathbf{V}}$의 방향은 관찰자의 시선을 향하는 방향이다.

지금까지 공부했던 퍼진 반사와 ambient light 에다가 거울반사에 의한 밝기까지 고려한 Phong 의 모델은

$$I = I_0(k_d \cos\theta + k_s \cos^n \phi) + I_a k_a$$

이다. 여기에서 k_s는 물체에 의존하는 상수로서 거울반사 계수라고 한다. 이상적인 되비추개

(reflector)에 대하여 거울반사 계수는 무한대(infinite)이다. 광택이 높은 물체는 값이 크고 highlight 영역이 좁게 나타난다.

반사광(reflected light)의 방향은

$$\mathbf{R} = \mathbf{L} - 2(\mathbf{L} \cdot \mathbf{N})\mathbf{N}$$

을 사용하면 쉽게 구할 수 있다.

유도 과정은 간단하다. 각자가 스스로 유도해 보길 바란다.

6.4.2. 소스 코드

```
// 거울반사View.cpp : implementation of the CMyView class
//

#include "stdafx.h"
#include "거울반사.h"

#include "거울반사Doc.h"
#include "거울반사View.h"

#include <cmath>

#ifdef _DEBUG
#define new DEBUG_NEW
#undef THIS_FILE
static char THIS_FILE[] = __FILE__;
#endif

/////////////////////////////////////////////////////////////////////////////
// CMyView

IMPLEMENT_DYNCREATE(CMyView, CView)

BEGIN_MESSAGE_MAP(CMyView, CView)
	//{{AFX_MSG_MAP(CMyView)
		// NOTE - the ClassWizard will add and remove mapping macros here.
		//    DO NOT EDIT what you see in these blocks of generated code!
	//}}AFX_MSG_MAP
```

```
    // Standard printing commands
    ON_COMMAND(ID_FILE_PRINT, CView::OnFilePrint)
    ON_COMMAND(ID_FILE_PRINT_DIRECT, CView::OnFilePrint)
    ON_COMMAND(ID_FILE_PRINT_PREVIEW, CView::OnFilePrintPreview)
END_MESSAGE_MAP()

/////////////////////////////////////////////////////////////////////////////
// CMyView construction/destruction

CMyView::CMyView()
{
    // TODO: add construction code here

}

CMyView::~CMyView()
{
}

BOOL CMyView::PreCreateWindow(CREATESTRUCT& cs)
{
    // TODO: Modify the Window class or styles here by modifying
    //  the CREATESTRUCT cs


    return CView::PreCreateWindow(cs);
}

/////////////////////////////////////////////////////////////////////////////
// CMyView drawing

void CMyView::OnDraw(CDC* pDC)
{
    CMyDoc* pDoc = GetDocument();
    ASSERT_VALID(pDoc);

    CRect rect;
    GetClientRect(&rect);
    pDC->SetMapMode(MM_LOMETRIC);
    pDC->SetViewportOrg(rect.Width()/2, rect.Height()/2);
```

```
double ambient=0.25, reflectivity=0.8;
double Lx, Lz, Ly, Vx, Vy, Vz, y, x, z, Rx, Ry, Rz;
double dotProduct, dotProduct2, Intensity;
int i,j;

Lx = 0.7;
Ly = 0.5;
Lz = sqrt(1.0-Lx*Lx-Ly*Ly);
Vx = -0.3;
Vy = -0.7;
Vz = sqrt(1.0-Vx*Vx-Vy*Vy);

for (j=-800; j<800; j++)
{
    y = j / 800.0;

    for (i=-800; i<800; i++)
    {
        x = i / 800.0;

        if ( (x*x+y*y)<1.0 )
        {
            z = sqrt(1.0-x*x-y*y);
            dotProduct = Lx*x + Ly*y + Lz*z;

            if ( dotProduct<0.0 )
                dotProduct = 0.0;

            Rx = 2.0*dotProduct*x - Lx;
            Ry = 2.0*dotProduct*y - Ly;
            Rz = 2.0*dotProduct*z - Lz;

            dotProduct2 = Rx*Vx + Ry*Vy + Rz*Vz;

            if ( dotProduct2<0.0 )
                dotProduct2 = 0.0;

            Intensity = 0.7*dotProduct + ambient + reflectivity*pow(dotProduct2,14.0);

            if ( Intensity>1.0 )
                Intensity = 1.0;
```

```
            }
            else
                Intensity = 1.0;

            pDC->SetPixel(i, j, RGB(Intensity*255.0, Intensity*255.0, Intensity*255.0));
        }
    }
}

/////////////////////////////////////////////////////////////////////////////
// CMyView printing

BOOL CMyView::OnPreparePrinting(CPrintInfo* pInfo)
{
    // default preparation
    return DoPreparePrinting(pInfo);
}

void CMyView::OnBeginPrinting(CDC* /*pDC*/, CPrintInfo* /*pInfo*/)
{
    // TODO: add extra initialization before printing
}

void CMyView::OnEndPrinting(CDC* /*pDC*/, CPrintInfo* /*pInfo*/)
{
    // TODO: add cleanup after printing
}

/////////////////////////////////////////////////////////////////////////////
// CMyView diagnostics

#ifdef _DEBUG
void CMyView::AssertValid() const
{
    CView::AssertValid();
}

void CMyView::Dump(CDumpContext& dc) const
{
    CView::Dump(dc);
}
```

```
CMyDoc* CMyView::GetDocument() // non-debug version is inline
{
    ASSERT(m_pDocument->IsKindOf(RUNTIME_CLASS(CMyDoc)));
    return (CMyDoc*)m_pDocument;
}
#endif //_DEBUG

/////////////////////////////////////////////////////////////////////////////
// CMyView message handlers
```

6.4.3. 실행 결과

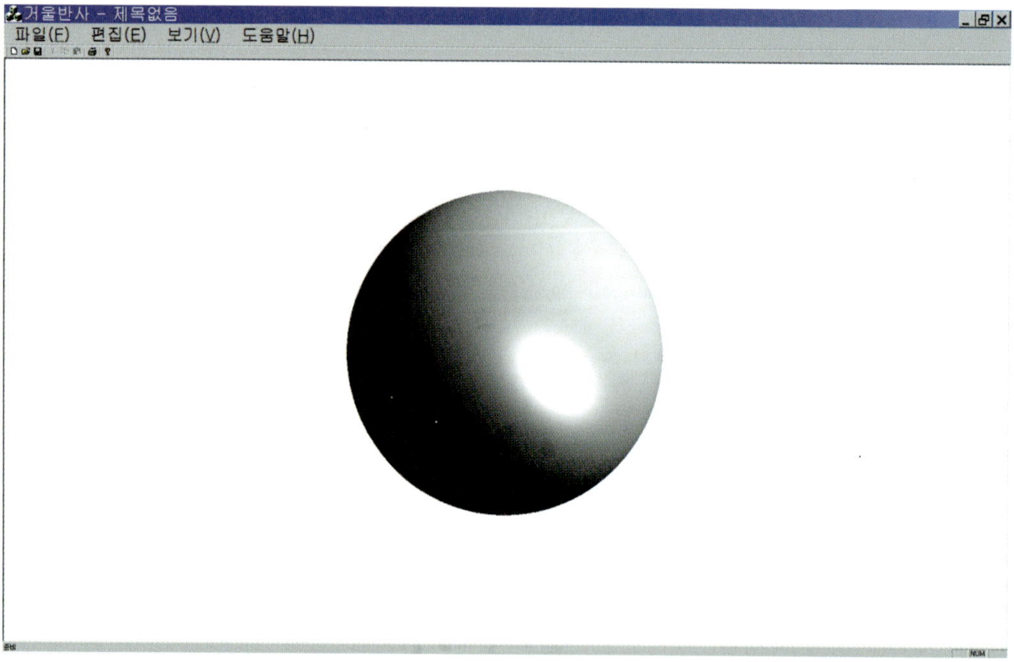

7 흑체복사

7.1 개론

백열전구의 빛은 그 내부의 뜨거운 필라멘트 선에 의하여 방출되는 열복사의 일부이다. 대부분의 전자기파는 사람의 눈에 보이지 않지만, 가시광선이라고 부르는 좁은 영역의 파동에는 민감하다. 약 400K 이상의 물체는 우리가 어두운 곳에서 충분히 볼 수 있는 가시광선을 방출한다. 온도가 높아질수록 색이 변한다. 온도가 점점 높아져 태양 표면의 온도인 5800K 가 되면 물체는 태양과 같은 밝은 흰색의 빛을 방출한다.

순백의 햇빛을 재생하려면 전구의 필라멘트를 5800K 으로 가열해야 한다. 그러나 이처럼 높은 온도에서 고체로 존재하는 것이 없다. 가장 좋은 필라멘트 물질로 알려진 텅스텐조차 2500K 이상의 온도에서 빠르게 증발한다. 그러므로 백열전구는 그보다 낮은 온도에서 작용하고, 우리는 햇빛을 재생할 수 없다. 필자의 생각으로는 인간이 햇빛을 재생하지 못하도록 조물주가 힘을 쓴 것 같다.

햇빛은 광구(photosphere)라고 하는 태양의 바깥 표면으로부터 나온다. 이 곳에서는 원자나 이온들이 약 5800K 의 온도에서 격렬하게 운동을 하면서 기속히는데, 이들로부터 전자기파가 방출된다. 태양은 흑체복사에 따른 빛띠를 방출한다. 흑체는 그거에 입사하는 복사를 모두 흡수하고 다시 방출하는 물체를 말한다.

지구 대기의 바깥에서의 irradiance 는 옆의 그림과 같이 6000K 의 흑체복사와 비슷하다.

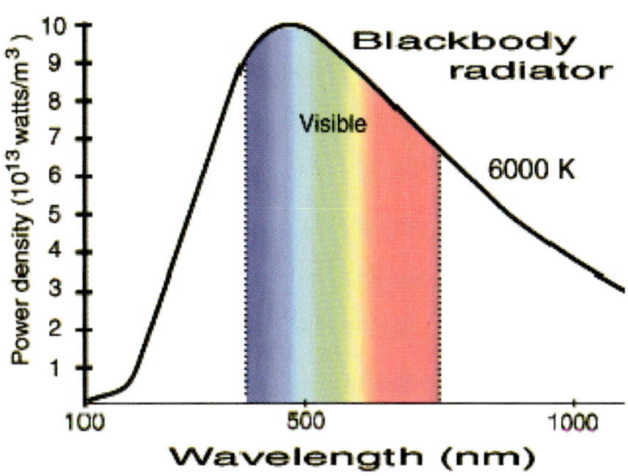

7.2 흑체복사

7.2.1 이론

아인슈타인의 특수상대성이론(special t heory of relativity)이 발표된 무렵, 물리학계가 풀어야 할 커다란 과제 중의 하나는 흑체복사 빛띠의 자외선파탄(ultraviolet catastrophe)이었다. 자외선파탄이란 레일리-진스의 공식(Rayleigh-Jeans' formula)

$$u(\nu, T) = \frac{8\pi\nu^2}{c^3} kT \quad \left(k = \frac{1.38065 \times 10^{-23}\text{Joule}}{\text{Kelvin}}\right)$$

이 낮은 진동수의 영역에서만 옳고 높은 진동수의 영역에서는 실제 현상과 너무 차이가 나는 현상을 말한다.

자외선파탄은 플랑크의 복사공식(Planck's radiation formula)

$$u(\nu, T) = \frac{8\pi\nu^2}{c^3} \frac{h\nu}{e^{\frac{h\nu}{kT}} - 1} \quad (h = 6.62607 \times 10^{-34}\text{Joule Second})$$

에 의하여 해결되었다.

위의 두 공식은 모드 당 평균에너지에서 차이가 난다. 모드 당 평균에너지는 레일리-진스의 공식에서 kT 이고 플랑크의 복사공식에서 $\frac{h\nu}{e^{\frac{h\nu}{kT}}-1}$이다.

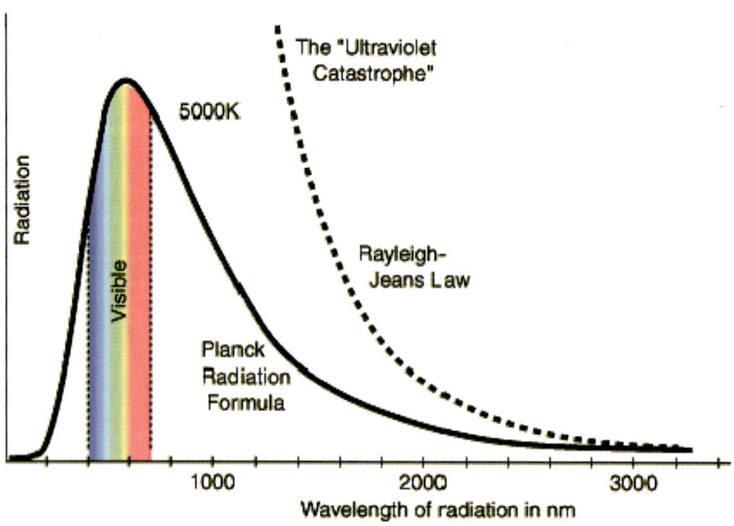

위의 두 공식을 한꺼번에 그림으로 나타내어 보면 옆의 그림과 같다. 긴 파장의 영역에서 짧은 파장의 영역으로 갈수록 레일리-진스의 공식과 플랑크의 복사공식이 어긋남을

알 수 있다.

매우 간단하게 흑체복사 이론을 설명하였다. 그런데 흑체복사 이론이 등장할 때 빠지지 않는 것이 있다. 바로 빈의 자리옮김법칙(Wien's displacement law)과 스테판-볼쯔만의 법칙(Stefan-Boltzmann's law)이다.

빈의 자리옮김법칙은 복사체(radiator)의 온도가 증가할 때 흑체복사곡선의 봉우리(peak)가 보다 짧은 파장 쪽으로 이동해간다는 법칙이다. 정확하게 표현하면 봉우리 파장(peak wave-length)과 온도를 곱한 값이 일정하다는 것이다. 이 법칙은 별들(stars)과 같이 높은 온도의 복사체의 온도를 결정하는 데에 매우 유용하다.

우리는 플랑크의 복사법칙으로부터 빈의 자리옮김법칙을 유도할 수 있다.

스테판-볼쯔만의 법칙은

$$\Phi = \frac{2\pi^5 k^4}{15h^3c^2}T^4 \quad \left(\frac{2\pi^5 k^4}{15h^3c^2} = \frac{5.6704 \times 10^{-8}\text{Watt}}{\text{Kelvin}^4\ \text{Meter}^2}\right)$$

과 같이 온도 T의 흑체가 방출하는 전체 에너지의 양이 온도의 네제곱에 비례한다는 법칙이다.

그럼 흑체의 온도에 따라 흑체의 색깔이 어떻게 변하는지 시늉내기하여 보자. 여기에서 말하는 흑체의 색깔은 색깔의 RGB 각각의 값을 말한다. 우리가 그러한 목적을 달성하려면 흑체복사의 이론 외에도 색깔에 대한 이론을 깊이 알아야만 한다. 그런데 색깔에 대한 이론이 그리 간단하지 않다.

이어지는 프로그램은 필자가 작성한 것이 아니라 인터넷에 공개되어 있는 프로그램을 가져온 것이다. 프로그램의 출처는 http://www.fourmilab.ch/documents/specrend/이다. 프로그램의 이해를 돕는 설명이 있으니 꼭 한 번 방문하길 바란다. 흑체 시늉내기에 대하여 좀 더 알고자 하는 독자는 스스로 공부를 하여야 한다.

7.2.2 소스 코드

```
/*
                Colour Rendering of Spectra

                       by John Walker
                  http://www.fourmilab.ch/
```

```
        Last updated: March 9, 2003

          This program is in the public domain.

    For complete information about the techniques employed in
    this program, see the World-Wide Web document:

             http://www.fourmilab.ch/documents/specrend/

    The xyz_to_rgb() function, which was wrong in the original
    version of this program, was corrected by:

        Andrew J. S. Hamilton 21 May 1999
        Andrew.Hamilton@Colorado.EDU
        http://casa.colorado.edu/~ajsh/

    who also added the gamma correction facilities and
    modified constrain_rgb() to work by desaturating the
    colour by adding white.

    A program which uses these functions to plot CIE
    "tongue" diagrams called "ppmcie" is included in
    the Netpbm graphics toolkit:
    http://netpbm.sourceforge.net/
    (The program was called cietoppm in earlier
    versions of Netpbm.)

*/

#include <stdio.h>
#include <math.h>

/* A colour system is defined by the CIE x and y coordinates of
   its three primary illuminants and the x and y coordinates of
   the white point. */

struct colourSystem
{
    char *name;                         // Colour system name
    double xRed, yRed,                  // Red x, y
           xGreen, yGreen,              // Green x, y
```

```
            xBlue, yBlue,               // Blue x, y
            xWhite, yWhite,             // White point x, y
            gamma;                      // Gamma correction for system
};

/* White point chromaticities. */

#define IlluminantC       0.3101, 0.3162              // For NTSC television
#define IlluminantD65 0.3127, 0.3291              // For EBU and SMPTE
#define IlluminantE       0.33333333, 0.33333333    // CIE equal-energy illuminant

/*  Gamma of nonlinear correction.

    See Charles Poynton's ColorFAQ Item 45 and GammaFAQ Item 6 at:

       http://www.poynton.com/ColorFAQ.html
       http://www.poynton.com/GammaFAQ.html

*/

#define GAMMA_REC709  0         /* Rec. 709 */

static struct colourSystem
  // Name  xRed  yRed  xGreen  yGreen  xBlue  yBlue  White point  Gamma
  NTSCsystem = {"NTSC", 0.67, 0.33, 0.21, 0.71, 0.14, 0.08, IlluminantC, GAMMA_REC709},
  EBUsystem = {"EBU (PAL/SECAM)", 0.64, 0.33, 0.29, 0.60, 0.15, 0.06, IlluminantD65,
    GAMMA_REC709},
  SMPTEsystem = {"SMPTE", 0.630, 0.340, 0.310, 0.595, 0.155, 0.070, IlluminantD65,
    GAMMA_REC709},
  HDTVsystem = {"HDTV", 0.670, 0.330, 0.210, 0.710, 0.150, 0.060, IlluminantD65,
    GAMMA_REC709},
  CIEsystem = {"CIE", 0.7355, 0.2645, 0.2658, 0.7243, 0.1669, 0.0085, IlluminantE,
    GAMMA_REC709},
  Rec709system = {"CIE REC 709", 0.64, 0.33, 0.30, 0.60, 0.15, 0.06, IlluminantD65,
    GAMMA_REC709};

/*                UPVP_TO_XY

    Given 1976 coordinates u', v', determine 1931 chromaticities x, y

*/
```

```
void upvp_to_xy(double up, double vp, double *xc, double *yc)
{
    *xc = (9 * up) / ((6 * up) - (16 * vp) + 12);
    *yc = (4 * vp) / ((6 * up) - (16 * vp) + 12);
}

/*              XY_TO_UPVP

    Given 1931 chromaticities x, y, determine 1976 coordinates u', v'

*/

void xy_to_upvp(double xc, double yc, double *up, double *vp)
{
    *up = (4 * xc) / ((-2 * xc) + (12 * yc) + 3);
    *vp = (9 * yc) / ((-2 * xc) + (12 * yc) + 3);
}

/*                          XYZ_TO_RGB

    Given an additive tricolour system CS, defined by the CIE x
    and y chromaticities of its three primaries (z is derived
    trivially as 1-(x+y)), and a desired chromaticity (XC, YC,
    ZC) in CIE space, determine the contribution of each
    primary in a linear combination which sums to the desired
    chromaticity.  If the  requested chromaticity falls outside
    the Maxwell  triangle (colour gamut) formed by the three
    primaries, one of the r, g, or b weights will be negative.

    Caller can use constrain_rgb() to desaturate an
    outside-gamut colour to the closest representation within
    the available gamut and/or norm_rgb to normalise the RGB
    components so the largest nonzero component has value 1.

*/

void xyz_to_rgb(struct colourSystem *cs, double xc, double yc, double zc,
  double *r, double *g, double *b)
{
    double xr, yr, zr, xg, yg, zg, xb, yb, zb;
```

```
    double xw, yw, zw;
    double rx, ry, rz, gx, gy, gz, bx, by, bz;
    double rw, gw, bw;

    xr = cs->xRed;        yr = cs->yRed;        zr = 1 - (xr + yr);
    xg = cs->xGreen;  yg = cs->yGreen;  zg = 1 - (xg + yg);
    xb = cs->xBlue;       yb = cs->yBlue;       zb = 1 - (xb + yb);

    xw = cs->xWhite;  yw = cs->yWhite;  zw = 1 - (xw + yw);

    // xyz -> rgb matrix, before scaling to white.

    rx = (yg * zb) - (yb * zg);   ry = (xb * zg) - (xg * zb);   rz = (xg * yb) - (xb * yg);
    gx = (yb * zr) - (yr * zb);   gy = (xr * zb) - (xb * zr);   gz = (xb * yr) - (xr * yb);
    bx = (yr * zg) - (yg * zr);   by = (xg * zr) - (xr * zg);   bz = (xr * yg) - (xg * yr);

    /* White scaling factors.
      Dividing by yw scales the white luminance to unity, as conventional. */

    rw = ((rx * xw) + (ry * yw) + (rz * zw)) / yw;
    gw = ((gx * xw) + (gy * yw) + (gz * zw)) / yw;
    bw = ((bx * xw) + (by * yw) + (bz * zw)) / yw;

    // xyz -> rgb matrix, correctly scaled to white.

    rx = rx / rw;ry = ry / rw;rz = rz / rw;
    gx = gx / gw;gy = gy / gw;gz = gz / gw;
    bx = bx / bw;by = by / bw;bz = bz / bw;

    // rgb of the desired point

    *r = (rx * xc) + (ry * yc) + (rz * zc);
    *g = (gx * xc) + (gy * yc) + (gz * zc);
    *b = (bx * xc) + (by * yc) + (bz * zc);
}

/*                              INSIDE_GAMUT

     Test whether a requested colour is within the gamut
     achievable with the primaries of the current colour
     system.  This amounts simply to testing whether all the
```

```
    primary weights are non-negative. */

int inside_gamut(double r, double g, double b)
{
    return (r >= 0) && (g >= 0) && (b >= 0);
}

/*                          CONSTRAIN_RGB

    If the requested RGB shade contains a negative weight for
    one of the primaries, it lies outside the colour gamut
    accessible from the given triple of primaries.  Desaturate
    it by adding white, equal quantities of R, G, and B, enough
    to make RGB all positive.  The function returns 1 if the
    components were modified, zero otherwise.

*/

int constrain_rgb(double *r, double *g, double *b)
{
    double w;

    // Amount of white needed is w = - min(0, *r, *g, *b)

    w = (0 < *r) ? 0 : *r;
    w = (w < *g) ? w : *g;
    w = (w < *b) ? w : *b;
    w = -w;

    // Add just enough white to make r, g, b all positive.

    if ( w>0 )
    {
        *r += w;
        *g += w;
        *b += w;
        return 1;                   /* Colour modified to fit RGB gamut */
    }

    return 0;                       /* Colour within RGB gamut */
}
```

```
/*                          GAMMA_CORRECT_RGB

    Transform linear RGB values to nonlinear RGB values. Rec.
    709 is ITU-R Recommendation BT. 709 (1990) ``Basic
    Parameter Values for the HDTV Standard for the Studio and
    for International Programme Exchange'', formerly CCIR Rec.
    709. For details see

       http://www.poynton.com/ColorFAQ.html
       http://www.poynton.com/GammaFAQ.html
*/

void gamma_correct(const struct colourSystem *cs, double *c)
{
    double gamma;

    gamma = cs->gamma;

    if ( gamma==GAMMA_REC709 )
    {
        // Rec. 709 gamma correction.
        double cc - 0.018;

        if ( *c<cc )
            *c *= ((1.099 * pow(cc, 0.45)) - 0.099) / cc;
        else
            *c = (1.099 * pow(*c, 0.45))   0.099;
    }
    else
    {
        // Nonlinear colour = (Linear colour)^(1/gamma)
        *c = pow(*c, 1.0 / gamma);
    }
}

void gamma_correct_rgb(const struct colourSystem *cs, double *r, double *g, double *b)
{
    gamma_correct(cs, r);
    gamma_correct(cs, g),
    gamma_correct(cs, b);
```

```
}

/*                NORM_RGB

    Normalise RGB components so the most intense (unless all
    are zero) has a value of 1.

*/

void norm_rgb(double *r, double *g, double *b)
{
#define Max(a, b)   (((a) > (b)) ? (a) : (b))
    double greatest = Max(*r, Max(*g, *b));

    if ( greatest>0 )
    {
        *r /= greatest;
        *g /= greatest;
        *b /= greatest;
    }
#undef Max
}

/*                            SPECTRUM_TO_XYZ

    Calculate the CIE X, Y, and Z coordinates corresponding to
    a light source with spectral distribution given by the
    function SPEC_INTENS, which is called with a series of
    wavelengths between 380 and 780 nm (the argument is
    expressed in meters), which returns emittance at that
    wavelength in arbitrary units.  The chromaticity
    coordinates of the spectrum are returned in the x, y, and z
    arguments which respect the identity:

            x + y + z = 1.
*/

void spectrum_to_xyz(double (*spec_intens)(double wavelength),
  double *x, double *y, double *z)
{
    int i;
```

```
double lambda, X = 0, Y = 0, Z = 0, XYZ;

/* CIE colour matching functions xBar, yBar, and zBar for
   wavelengths from 380 through 780 nanometers, every 5
   nanometers.  For a wavelength lambda in this range:

        cie_colour_match[(lambda - 380) / 5][0] = xBar
        cie_colour_match[(lambda - 380) / 5][1] = yBar
        cie_colour_match[(lambda - 380) / 5][2] = zBar

To save memory, this table can be declared as floats
rather than doubles; (IEEE) float has enough
significant bits to represent the values. It's declared
as a double here to avoid warnings about "conversion
between floating-point types" from certain persnickety
compilers. */

static double cie_colour_match[81][3] = {
  {0.0014,0.0000,0.0065}, {0.0022,0.0001,0.0105}, {0.0042,0.0001,0.0201},
  {0.0076,0.0002,0.0362}, {0.0143,0.0004,0.0679}, {0.0232,0.0006,0.1102},
  {0.0435,0.0012,0.2074}, {0.0776,0.0022,0.3713}, {0.1344,0.0040,0.6456},
  {0.2148,0.0073,1.0391}, {0.2839,0.0116,1.3856}, {0.3285,0.0168,1.6230},
  {0.3483,0.0230,1.7471}, {0.3481,0.0298,1.7826}, {0.3362,0.0380,1.7721},
  {0.3187,0.0480,1.7441}, {0.2908,0.0600,1.6692}, {0.2511,0.0739,1.5281},
  {0.1954,0.0910,1.2876}, {0.1421,0.1126,1.0419}, {0.0956,0.1390,0.8130},
  {0.0580,0.1693,0.6162}, {0.0320,0.2080,0.4652}, {0.0147,0.2586,0.3533},
  {0.0049,0.3230,0.2720}, {0.0024,0.4073,0.2123}, {0.0093,0.5030,0.1582},
  {0.0291,0.6082,0.1117}, {0.0633,0.7100,0.0782}, {0.1096,0.7932,0.0573},
  {0.1655,0.8620,0.0422}, {0.2257,0.9149,0.0298}, {0.2904,0.9540,0.0203},
  {0.3597,0.9803,0.0134}, {0.4334,0.9950,0.0087}, {0.5121,1.0000,0.0057},
  {0.5945,0.9950,0.0039}, {0.6784,0.9786,0.0027}, {0.7621,0.9520,0.0021},
  {0.8425,0.9154,0.0018}, {0.9163,0.8700,0.0017}, {0.9786,0.8163,0.0014},
  {1.0263,0.7570,0.0011}, {1.0567,0.6949,0.0010}, {1.0622,0.6310,0.0008},
  {1.0456,0.5668,0.0006}, {1.0026,0.5030,0.0003}, {0.9384,0.4412,0.0002},
  {0.8544,0.3810,0.0002}, {0.7514,0.3210,0.0001}, {0.6424,0.2650,0.0000},
  {0.5419,0.2170,0.0000}, {0.4479,0.1750,0.0000}, {0.3608,0.1382,0.0000},
  {0.2835,0.1070,0.0000}, {0.2187,0.0816,0.0000}, {0.1649,0.0610,0.0000},
  {0.1212,0.0446,0.0000}, {0.0874,0.0320,0.0000}, {0.0636,0.0232,0.0000},
  {0.0468,0.0170,0.0000}, {0.0329,0.0119,0.0000}, {0.0227,0.0082,0.0000},
  {0.0158,0.0057,0.0000}, {0.0114,0.0041,0.0000}, {0.0081,0.0029,0.0000},
  {0.0058,0.0021,0.0000}, {0.0041,0.0015,0.0000}, {0.0029,0.0010,0.0000},
```

```
        {0.0020,0.0007,0.0000}, {0.0014,0.0005,0.0000}, {0.0010,0.0004,0.0000},
        {0.0007,0.0002,0.0000}, {0.0005,0.0002,0.0000}, {0.0003,0.0001,0.0000},
        {0.0002,0.0001,0.0000}, {0.0002,0.0001,0.0000}, {0.0001,0.0000,0.0000},
        {0.0001,0.0000,0.0000}, {0.0001,0.0000,0.0000}, {0.0000,0.0000,0.0000} };

    for (i = 0, lambda = 380; lambda < 780.1; i++, lambda += 5)
    {
        double Me;

        Me = (*spec_intens)(lambda);
        X += Me * cie_colour_match[i][0];
        Y += Me * cie_colour_match[i][1];
        Z += Me * cie_colour_match[i][2];
    }

    XYZ = (X + Y + Z);
    *x = X / XYZ;
    *y = Y / XYZ;
    *z = Z / XYZ;
}

/*                              BB_SPECTRUM

    Calculate, by Planck's radiation law, the emittance of a black body
    of temperature bbTemp at the given wavelength (in metres).  */

double bbTemp = 5000;      // Hidden temperature argument to BB_SPECTRUM.
double bb_spectrum(double wavelength)
{
    double wlm = wavelength * 1e-9;        // Wavelength in meters

    return (3.74183e-16 * pow(wlm, -5.0)) / (exp(1.4388e-2 / (wlm * bbTemp)) - 1.0);
}

/*  Built-in test program which displays the x, y, and Z and RGB
    values for black body spectra from 1000 to 10000 degrees kelvin.
    When run, this program should produce the following output:

    Temperature       x      y      z       R     G     B
    -----------    ------ ------ ------   ----- ----- -----
       1000 K      0.6528 0.3444 0.0028   1.000 0.007 0.000 (Approximation)
```

```
   1500 K      0.5857 0.3931 0.0212   1.000 0.126 0.000 (Approximation)
   2000 K      0.5267 0.4133 0.0600   1.000 0.234 0.010
   2500 K      0.4770 0.4137 0.1093   1.000 0.349 0.067
   3000 K      0.4369 0.4041 0.1590   1.000 0.454 0.151
   3500 K      0.4053 0.3907 0.2040   1.000 0.549 0.254
   4000 K      0.3805 0.3768 0.2428   1.000 0.635 0.370
   4500 K      0.3608 0.3636 0.2756   1.000 0.710 0.493
   5000 K      0.3451 0.3516 0.3032   1.000 0.778 0.620
   5500 K      0.3325 0.3411 0.3265   1.000 0.837 0.746
   6000 K      0.3221 0.3318 0.3461   1.000 0.890 0.869
   6500 K      0.3135 0.3237 0.3628   1.000 0.937 0.988
   7000 K      0.3064 0.3166 0.3770   0.907 0.888 1.000
   7500 K      0.3004 0.3103 0.3893   0.827 0.839 1.000
   8000 K      0.2952 0.3048 0.4000   0.762 0.800 1.000
   8500 K      0.2908 0.3000 0.4093   0.711 0.766 1.000
   9000 K      0.2869 0.2956 0.4174   0.668 0.738 1.000
   9500 K      0.2836 0.2918 0.4246   0.632 0.714 1.000
  10000 K      0.2807 0.2884 0.4310   0.602 0.693 1.000
*/

int main()
{
    double t, x, y, z, r, g, b;
    struct colourSystem *cs = &SMPTEsystem;

    printf("  온두        x       y       z        R       G       B₩n");
    printf("-------    ------- ------- -------   ------- ------- -------₩n");

    for (t = 1000; t <= 10000; t+= 500)
    {
        bbTemp = t;
        spectrum_to_xyz(bb_spectrum, &x, &y, &z);
        xyz_to_rgb(cs, x, y, z, &r, &g, &b);
        printf("%5.0f K    %.5f %.5f %.5f   ", t, x, y, z);

        if (constrain_rgb(&r, &g, &b))
        {
            norm_rgb(&r, &g, &b);
            printf("%.5f %.5f %.5f (근사)₩n", r, g, b);
        }
        else
```

```
        {
            norm_rgb(&r, &g, &b);
            printf("%.5f %.5f %.5f₩n", r, g, b);
        }
    }
    return 0;
}
```

7.2.3 실행 결과

```
  온도         x       y       z          R       G       B
-------    ------- ------- -------    ------- ------- -------
 1000 K    0.65283 0.34439 0.00278    1.00000 0.00670 0.00000 (근사)
 1500 K    0.58574 0.39311 0.02115    1.00000 0.12616 0.00000 (근사)
 2000 K    0.52669 0.41330 0.06002    1.00000 0.23402 0.01029
 2500 K    0.47700 0.41368 0.10932    1.00000 0.34906 0.06735
 3000 K    0.43694 0.40408 0.15898    1.00000 0.45440 0.15077
 3500 K    0.40531 0.39073 0.20396    1.00000 0.54947 0.25386
 4000 K    0.38045 0.37677 0.24278    1.00000 0.63455 0.36999
 4500 K    0.36080 0.36357 0.27563    1.00000 0.71031 0.49350
 5000 K    0.34512 0.35164 0.30325    1.00000 0.77757 0.61993
 5500 K    0.33245 0.34107 0.32648    1.00000 0.83718 0.74596
 6000 K    0.32210 0.33179 0.34611    1.00000 0.89002 0.86926
 6500 K    0.31355 0.32367 0.36278    1.00000 0.93688 0.98824
 7000 K    0.30639 0.31656 0.37705    0.90749 0.88800 1.00000
 7500 K    0.30036 0.31032 0.38933    0.82658 0.83947 1.00000
 8000 K    0.29521 0.30482 0.39997    0.76240 0.79952 1.00000
 8500 K    0.29078 0.29996 0.40926    0.71050 0.76615 1.00000
 9000 K    0.28695 0.29564 0.41741    0.66784 0.73791 1.00000
 9500 K    0.28360 0.29179 0.42461    0.63226 0.71376 1.00000
10000 K    0.28066 0.28835 0.43099    0.60221 0.69288 1.00000
```

7.3 태양의 색

7.3.1 이론

태양의 유효표면온도는 5780K 이다. 옆의 그림에 5780K 에서 흑체의 빛띠(spectrum)와 지구의 대기 위에서 본 태양의 빛띠가 나타나 있다. 태양을 흑체라고 해도 큰 무리가 없음을 알 수 있다.

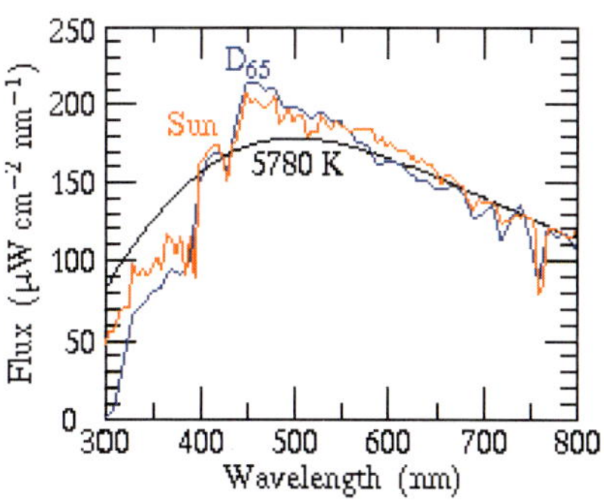

아래의 표

	x	y
D_{65}	0.3127	0.3290
태양	0.3233	0.3326
5780K 의 흑체	0.3264	0.3357

는 태양의 색도(chromaticity)와 5780 K 에서 흑체의 색도를 나타낸다.

드디어 우리에게 태양이 어떤 색으로 보이는지 시늉내기할 때가 되었다. 흑체복사의 이론과 색깔의 이론을 사용하여 태양 표면 색깔의 RGB 값을 구한 다음 실제로 색깔을 칠해 보자.

그럼 조금 전과 무슨 차이점이 있는지 묻는 독자도 있을 것이다. 이번에는 실제로 색깔을 칠해본다는 것이 차이점이다. 또한 아까는 여러 온도에 대하여 RGB 값을 구해 보았지만, 이번에는 태양에 대해서만 실습해 본다는 것이 다르다. 과연 태양 표면의 색깔은?

최종적으로 프로젝트를 만들고 실행하여 보자. 지금까지 해왔던 것과는 다른 방식으로 소스 코드를 입력할 것이다. 다음의 설명대로 하여라.

"File" 메뉴에서 "New" 명령을 선택한다.

"New" 대화 상자의 "Projects" 탭에서 "Win32 Application"을 선택한다. 프로젝트의 이름을 "흑체"로 한다. 아래이 하면

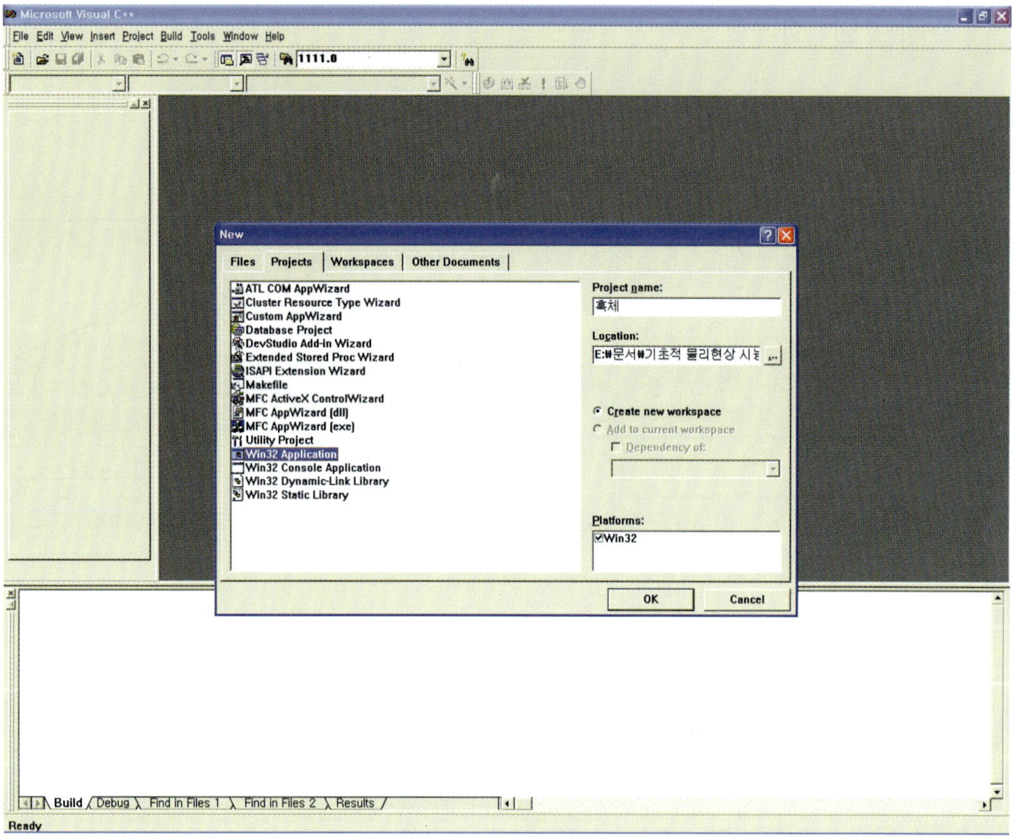

처럼 되어 있는가?

다음 단계로 넘어가기 위해서 "OK" 단추를 누른다. 그러면 아래의 "Win32 Application - Step 1 of 1" 대화 상자

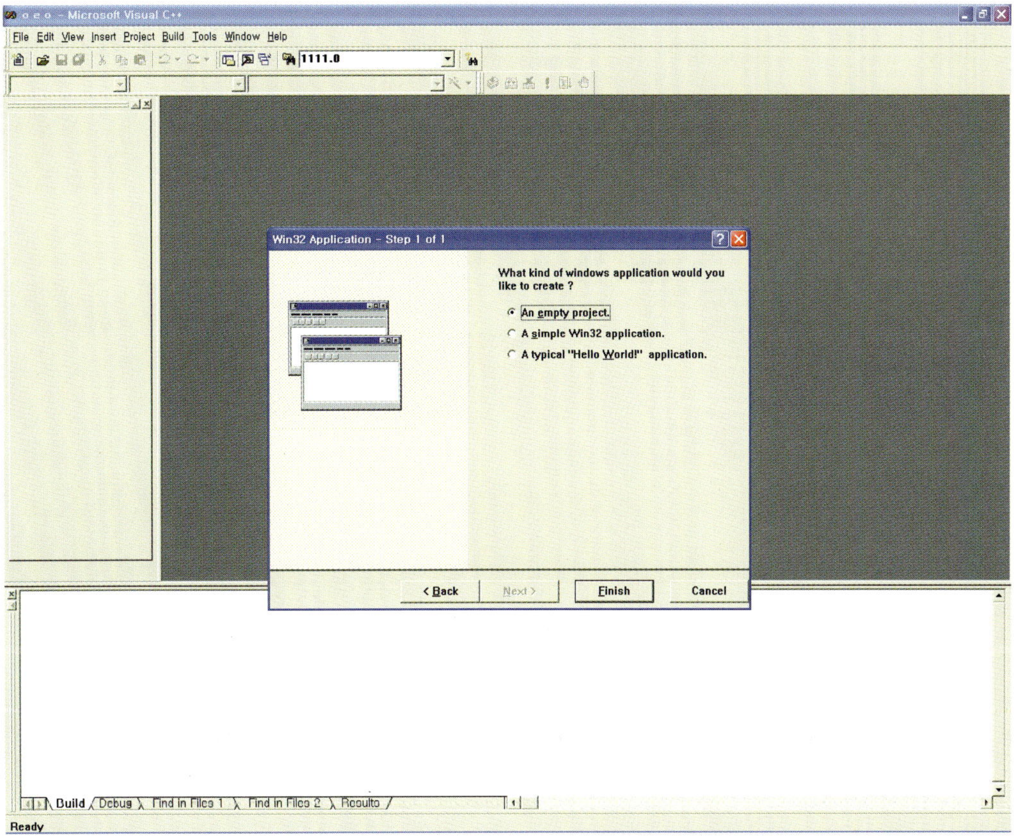

가 나타난다.

설정을 바꾸지 않는다.

다음 단계로 넘어가기 위해 "Finish" 단추를 누른다. 그러면 "New Project Information" 대화 상자가 나온다.

다음 단계로 넘어가기 위해서 "OK" 단추를 누른다.

처음에 그랬던 것처럼 다시 "File" 메뉴에서 "New" 명령을 선택한다.

"New" 대화 상자의 "Files" 탭에서 "C++ Source File"을 선택한다. 파일의 이름을 "흑체.c"으로 한다. 아래의 화면

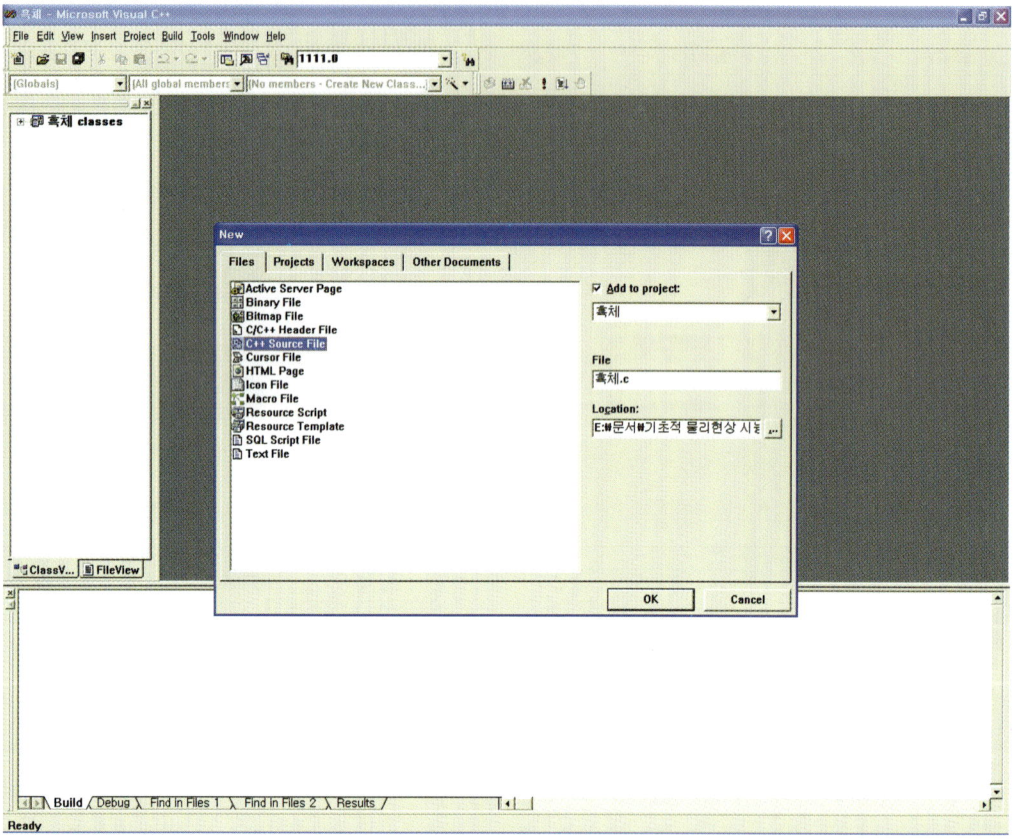

처럼 되어 있는가?

마지막으로 "OK" 단추를 누른다. 그러면

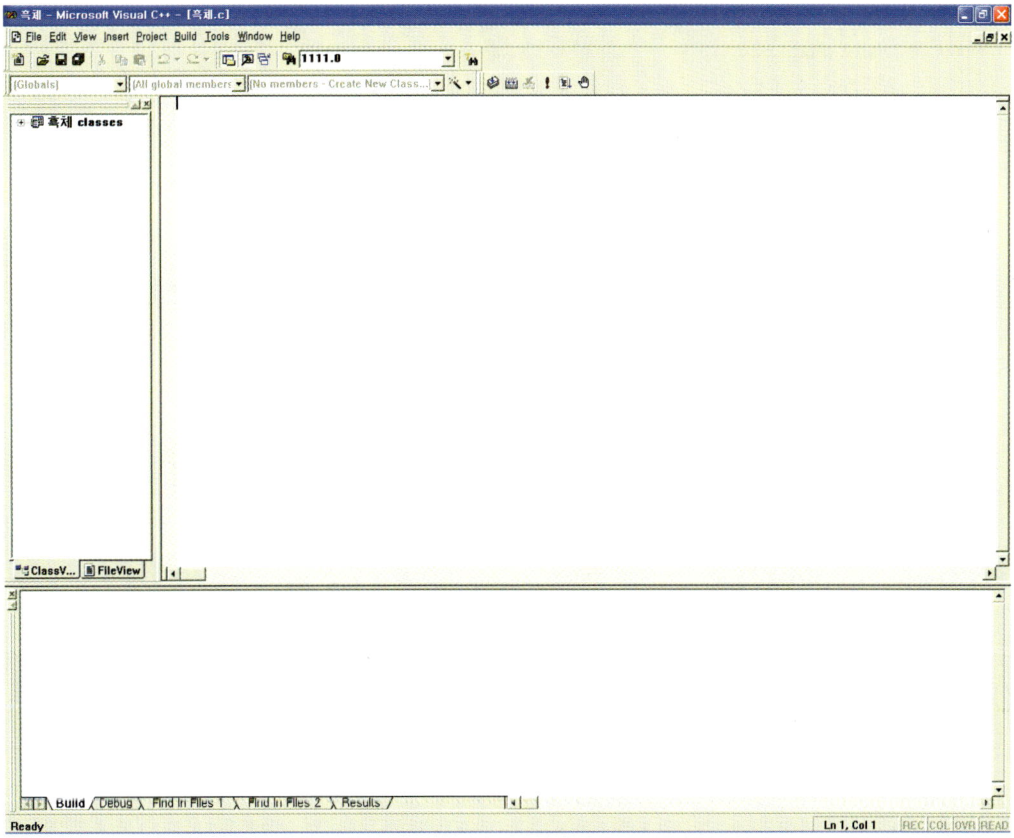

이 나타난다.

이제 우리는 "흑체.c"을 타이핑하면 된다. 타이핑이 끝나면 이전처럼 프로젝트를 컴파일하고 실행하면 된다.

7.3.2 소스 코드

```
#include <windows.h>
#include <math.h>

struct colourSystem
{
```

```
    char *name;                          // Colour system name
    double xRed, yRed,                   // Red x, y
           xGreen, yGreen,               // Green x, y
           xBlue, yBlue,             // Blue x, y
           xWhite, yWhite,               // White point x, y
           gamma;                        // Gamma correction for system
};

#define IlluminantC       0.3101, 0.3162            // For NTSC television
#define IlluminantD65 0.3127, 0.3291            // For EBU and SMPTE
#define IlluminantE       0.33333333, 0.33333333// CIE equal-energy illuminant
#define GAMMA_REC709  0        /* Rec. 709 */

static struct colourSystem
  // Name  xRed  yRed  xGreen  yGreen  xBlue  yBlue  White point  Gamma
  NTSCsystem = {"NTSC", 0.67, 0.33, 0.21, 0.71, 0.14, 0.08, IlluminantC, GAMMA_REC709},
  EBUsystem = {"EBU (PAL/SECAM)", 0.64, 0.33, 0.29, 0.60, 0.15, 0.06, IlluminantD65,
    GAMMA_REC709},
  SMPTEsystem = {"SMPTE", 0.630, 0.340, 0.310, 0.595, 0.155, 0.070, IlluminantD65,
    GAMMA_REC709},
  HDTVsystem = {"HDTV", 0.670, 0.330, 0.210, 0.710, 0.150, 0.060, IlluminantD65,
    GAMMA_REC709},
  CIEsystem = {"CIE", 0.7355, 0.2645, 0.2658, 0.7243, 0.1669, 0.0085, IlluminantE,
    GAMMA_REC709},
  Rec709system = {"CIE REC 709", 0.64, 0.33, 0.30, 0.60, 0.15, 0.06, IlluminantD65,
    GAMMA_REC709};

void upvp_to_xy(double up, double vp, double *xc, double *yc)
{
    *xc = (9 * up) / ((6 * up) - (16 * vp) + 12);
    *yc = (4 * vp) / ((6 * up) - (16 * vp) + 12);
}

void xy_to_upvp(double xc, double yc, double *up, double *vp)
{
    *up = (4 * xc) / ((-2 * xc) + (12 * yc) + 3);
    *vp = (9 * yc) / ((-2 * xc) + (12 * yc) + 3);
}

void xyz_to_rgb(struct colourSystem *cs, double xc, double yc, double zc,
  double *r, double *g, double *b)
```

```
{
    double xr, yr, zr, xg, yg, zg, xb, yb, zb;
    double xw, yw, zw;
    double rx, ry, rz, gx, gy, gz, bx, by, bz;
    double rw, gw, bw;

    xr = cs->xRed;        yr = cs->yRed;        zr = 1 - (xr + yr);
    xg = cs->xGreen;  yg = cs->yGreen;  zg = 1 - (xg + yg);
    xb = cs->xBlue;       yb = cs->yBlue;       zb = 1 - (xb + yb);

    xw = cs->xWhite;  yw = cs->yWhite;  zw = 1 - (xw + yw);

    /* xyz -> rgb matrix, before scaling to white. */

    rx = (yg * zb) - (yb * zg);    ry = (xb * zg) - (xg * zb);    rz = (xg * yb) - (xb * yg);
    gx = (yb * zr) - (yr * zb);    gy = (xr * zb) - (xb * zr);    gz = (xb * yr) - (xr * yb);
    bx = (yr * zg) - (yg * zr);    by = (xg * zr) - (xr * zg);    bz = (xr * yg) - (xg * yr);

    /* White scaling factors.
       Dividing by yw scales the white luminance to unity, as conventional. */

    rw = ((rx * xw) + (ry * yw) + (rz * zw)) / yw;
    gw = ((gx * xw) + (gy * yw) + (gz * zw)) / yw;
    bw = ((bx * xw) + (by * yw) + (bz * zw)) / yw;

    /* xyz -> rgb matrix, correctly scaled to white. */

    rx = rx / rw;ry = ry / rw;rz = rz / rw;
    gx = gx / gw;gy = gy / gw;gz = gz / gw;
    bx = bx / bw;by = by / bw;bz = bz / bw;

    /* rgb of the desired point */

    *r = (rx * xc) + (ry * yc) + (rz * zc);
    *g = (gx * xc) + (gy * yc) + (gz * zc);
    *b = (bx * xc) + (by * yc) + (bz * zc);
}

int inside_gamut(double r, double g, double b)
{
    return (r >= 0) && (g >= 0) && (b >= 0);
```

```
}

int constrain_rgb(double *r, double *g, double *b)
{
    double w;

    /* Amount of white needed is w = - min(0, *r, *g, *b) */

    w = (0 < *r) ? 0 : *r;
    w = (w < *g) ? w : *g;
    w = (w < *b) ? w : *b;
    w = -w;

    /* Add just enough white to make r, g, b all positive. */

    if ( w>0 )
    {
        *r += w;
        *g += w;
        *b += w;
        return 1;                   /* Colour modified to fit RGB gamut */
    }

    return 0;                       /* Colour within RGB gamut */
}

void gamma_correct(const struct colourSystem *cs, double *c)
{
    double gamma;

    gamma = cs->gamma;

    if ( gamma==GAMMA_REC709 )
    {
        /* Rec. 709 gamma correction. */
        double cc = 0.018;

        if ( *c<cc )
            *c *= ((1.099 * pow(cc, 0.45)) - 0.099) / cc;
        else
            *c = (1.099 * pow(*c, 0.45)) - 0.099;
```

```
    }
    else
    {
        /* Nonlinear colour = (Linear colour)^(1/gamma) */
        *c = pow(*c, 1.0 / gamma);
    }
}

void gamma_correct_rgb(const struct colourSystem *cs, double *r, double *g, double *b)
{
    gamma_correct(cs, r);
    gamma_correct(cs, g);
    gamma_correct(cs, b);
}

void norm_rgb(double *r, double *g, double *b)
{
#define Max(a, b)   (((a) > (b)) ? (a) : (b))
    double greatest = Max(*r, Max(*g, *b));

    if ( greatest>0 )
    {
        *r /= greatest;
        *g /= greatest;
        *b /= greatest;
    }
#undef Max
}

void spectrum_to_xyz(double (*spec_intens)(double wavelength),
  double *x, double *y, double *z)
{
    int i;
    double lambda, X = 0, Y = 0, Z = 0, XYZ;

    /* CIE colour matching functions xBar, yBar, and zBar for
      wavelengths from 380 through 780 nanometers, every 5
      nanometers.  For a wavelength lambda in this range:

           cie colour match[(lambda - 380) / 5][0] = xBar
           cie_colour_match[(lambda - 380) / 5][1] = yBar
```

```
        cie_colour_match[(lambda - 380) / 5][2] = zBar

To save memory, this table can be declared as floats
rather than doubles; (IEEE) float has enough
significant bits to represent the values. It's declared
as a double here to avoid warnings about "conversion
between floating-point types" from certain persnickety
compilers. */

static double cie_colour_match[81][3] = {
  {0.0014,0.0000,0.0065}, {0.0022,0.0001,0.0105}, {0.0042,0.0001,0.0201},
  {0.0076,0.0002,0.0362}, {0.0143,0.0004,0.0679}, {0.0232,0.0006,0.1102},
  {0.0435,0.0012,0.2074}, {0.0776,0.0022,0.3713}, {0.1344,0.0040,0.6456},
  {0.2148,0.0073,1.0391}, {0.2839,0.0116,1.3856}, {0.3285,0.0168,1.6230},
  {0.3483,0.0230,1.7471}, {0.3481,0.0298,1.7826}, {0.3362,0.0380,1.7721},
  {0.3187,0.0480,1.7441}, {0.2908,0.0600,1.6692}, {0.2511,0.0739,1.5281},
  {0.1954,0.0910,1.2876}, {0.1421,0.1126,1.0419}, {0.0956,0.1390,0.8130},
  {0.0580,0.1693,0.6162}, {0.0320,0.2080,0.4652}, {0.0147,0.2586,0.3533},
  {0.0049,0.3230,0.2720}, {0.0024,0.4073,0.2123}, {0.0093,0.5030,0.1582},
  {0.0291,0.6082,0.1117}, {0.0633,0.7100,0.0782}, {0.1096,0.7932,0.0573},
  {0.1655,0.8620,0.0422}, {0.2257,0.9149,0.0298}, {0.2904,0.9540,0.0203},
  {0.3597,0.9803,0.0134}, {0.4334,0.9950,0.0087}, {0.5121,1.0000,0.0057},
  {0.5945,0.9950,0.0039}, {0.6784,0.9786,0.0027}, {0.7621,0.9520,0.0021},
  {0.8425,0.9154,0.0018}, {0.9163,0.8700,0.0017}, {0.9786,0.8163,0.0014},
  {1.0263,0.7570,0.0011}, {1.0567,0.6949,0.0010}, {1.0622,0.6310,0.0008},
  {1.0456,0.5668,0.0006}, {1.0026,0.5030,0.0003}, {0.9384,0.4412,0.0002},
  {0.8544,0.3810,0.0002}, {0.7514,0.3210,0.0001}, {0.6424,0.2650,0.0000},
  {0.5419,0.2170,0.0000}, {0.4479,0.1750,0.0000}, {0.3608,0.1382,0.0000},
  {0.2835,0.1070,0.0000}, {0.2187,0.0816,0.0000}, {0.1649,0.0610,0.0000},
  {0.1212,0.0446,0.0000}, {0.0874,0.0320,0.0000}, {0.0636,0.0232,0.0000},
  {0.0468,0.0170,0.0000}, {0.0329,0.0119,0.0000}, {0.0227,0.0082,0.0000},
  {0.0158,0.0057,0.0000}, {0.0114,0.0041,0.0000}, {0.0081,0.0029,0.0000},
  {0.0058,0.0021,0.0000}, {0.0041,0.0015,0.0000}, {0.0029,0.0010,0.0000},
  {0.0020,0.0007,0.0000}, {0.0014,0.0005,0.0000}, {0.0010,0.0004,0.0000},
  {0.0007,0.0002,0.0000}, {0.0005,0.0002,0.0000}, {0.0003,0.0001,0.0000},
  {0.0002,0.0001,0.0000}, {0.0002,0.0001,0.0000}, {0.0001,0.0000,0.0000},
  {0.0001,0.0000,0.0000}, {0.0001,0.0000,0.0000}, {0.0000,0.0000,0.0000} };

for (i = 0, lambda = 380; lambda < 780.1; i++, lambda += 5)
{
    double Me;
```

```
        Me = (*spec_intens)(lambda);
        X += Me * cie_colour_match[i][0];
        Y += Me * cie_colour_match[i][1];
        Z += Me * cie_colour_match[i][2];
    }

    XYZ = (X + Y + Z);
    *x = X / XYZ;
    *y = Y / XYZ;
    *z = Z / XYZ;
}

double bbTemp = 5000;      // Hidden temperature argument to BB_SPECTRUM.
double bb_spectrum(double wavelength)
{
    double wlm = wavelength * 1e-9;         // Wavelength in meters

    return (3.74183e-16 * pow(wlm, -5.0)) / (exp(1.4388e-2 / (wlm * bbTemp)) - 1.0);
}

LRESULT CALLBACK WndProc (HWND, UINT, WPARAM, LPARAM) ;

int WINAPI WinMain (HINSTANCE hInstance, HINSTANCE hPrevInstance,
                    PSTR szCmdLine, int iCmdShow)
{
     static TCHAR szAppName[] = TEXT ("SineWave") ;
     HWND         hwnd ;
     MSG          msg ;
     WNDCLASS     wndclass ;

     wndclass.style         = CS_HREDRAW | CS_VREDRAW ;
     wndclass.lpfnWndProc   = WndProc ;
     wndclass.cbClsExtra    = 0 ;
     wndclass.cbWndExtra    = 0 ;
     wndclass.hInstance     = hInstance ;
     wndclass.hIcon         = LoadIcon (NULL, IDI_APPLICATION) ;
     wndclass.hCursor       = LoadCursor (NULL, IDC_ARROW) ;
     wndclass.hbrBackground = (HBRUSH) GetStockObject (WHITE_BRUSH) ;
     wndclass.lpszMenuName  = NULL ;
     wndclass.lpszClassName = szAppName ;
```

```
    if (!RegisterClass (&wndclass))
    {
         MessageBox (NULL, TEXT ("Program requires Windows NT!"),
                     szAppName, MB_ICONERROR) ;
         return 0 ;
    }

    hwnd = CreateWindow (szAppName, TEXT ("흑체복사"),
                         WS_OVERLAPPEDWINDOW,
                         CW_USEDEFAULT, CW_USEDEFAULT,
                         CW_USEDEFAULT, CW_USEDEFAULT,
                         NULL, NULL, hInstance, NULL) ;

    ShowWindow (hwnd, iCmdShow) ;
    UpdateWindow (hwnd) ;

    while (GetMessage (&msg, NULL, 0, 0))
    {
         TranslateMessage (&msg) ;
         DispatchMessage (&msg) ;
    }
    return msg.wParam ;
}

LRESULT CALLBACK WndProc (HWND hwnd, UINT message, WPARAM wParam, LPARAM lParam)
{
    double t=5780.0, x, y, z, r, g, b;
    HDC hdc;
    PAINTSTRUCT ps;
    static int cxClient, cyClient;
    RECT rt;
    HBRUSH bk, MyBrush;
    HPEN MyPen;
    int radius;

    struct colourSystem *cs = &SMPTEsystem;

    switch (message)
    {
    case WM_SIZE:
```

```
            cxClient = LOWORD (lParam) ;
            cyClient = HIWORD (lParam) ;
            return 0 ;

        case WM_PAINT:
            bbTemp = t;
            spectrum_to_xyz(bb_spectrum, &x, &y, &z);
            xyz_to_rgb(cs, x, y, z, &r, &g, &b);
            norm_rgb(&r, &g, &b);

            hdc = BeginPaint (hwnd, &ps) ;
            SetMapMode(hdc, MM_HIMETRIC);
            SetViewportOrgEx(hdc, cxClient/2, cyClient/2, NULL);
            GetClientRect(hwnd, &rt);

            bk = CreateSolidBrush(RGB(0,0,0));
            DPtoLP(hdc, (LPPOINT)&rt, 2);
            FillRect(hdc,&rt, bk);
            DeleteObject(bk);
            MyPen = CreatePen(PS_SOLID, 0, RGB(255*r,255*g,255*b));
            SelectObject(hdc, MyPen);
            MyBrush = CreateSolidBrush(RGB(255*r,255*g,255*b));
            SelectObject(hdc, MyBrush);
            radius = rt.top - 9999;
            Ellipse(hdc, -radius, radius, radius, -radius);
            DeleteObject(MyBrush);
            DeleteObject(MyPen);
            EndPaint(hwnd, &ps);

            return 0 ;

        case WM_DESTROY:
            PostQuitMessage (0) ;
            return 0 ;
        }
        return DefWindowProc (hwnd, message, wParam, lParam) ;
}
```

7.3.3 실행 결과

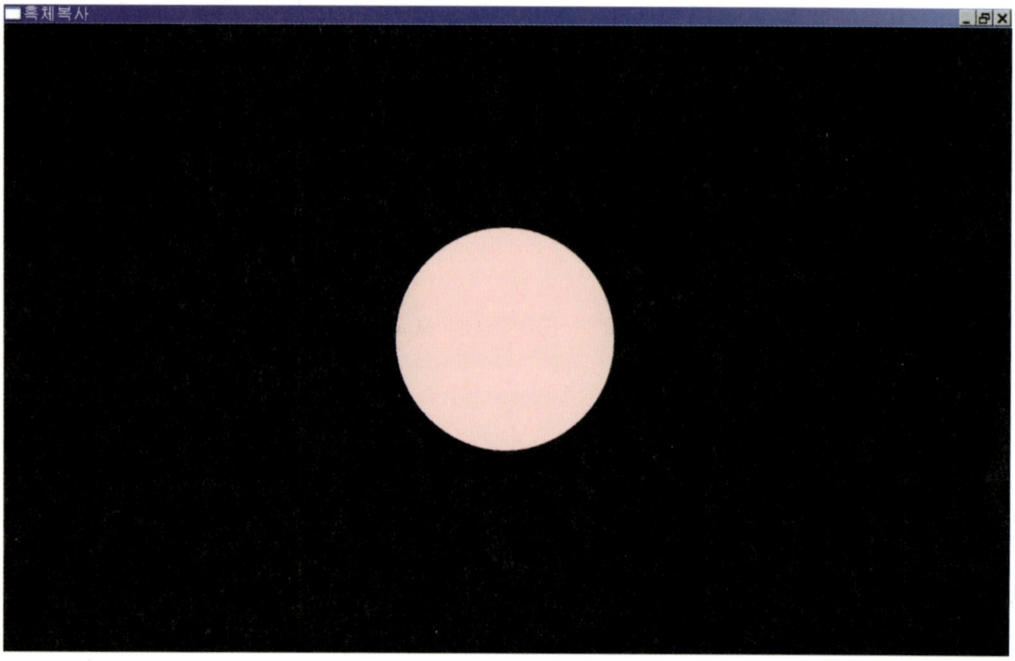

목록 A 이 책을 집필하는 데 도움을 준 자료들

★ 논문

제 목	지은이	저 널
Algorithm for Computer Control of a Digital Plotter	Jack E. Bresenham	IBM Systems J., Vol. 4, No. 1, 1965, pp. 25-30

목록 B 필자가 지금까지 집필한 책들

순서	제 목	출간일
1	Visual C++ 6.0 으로 구현하는 수치해석	2001.3
2	Visual C++ 6.0 으로 구현하는 기초적 물리현상 시뮬레이션	2001.10
3	디지탈 사운드와 디지탈 음악 구현에 중점을 둔 Mathematica 4	2001.10
4	Visual C++ 6.0 으로 구현하는 정전기학, 기하광학, 기초적인 3 차원 컴퓨터 그래픽	2001.11
5	Visual C++ 6.0 으로 구현하는 수치해석학 2002	2002.1
6	Visual C++ 6.0 으로 구현하는 기초적 물리현상 모의실험 2002	2002.1
7	초보자를 위한 푸리에 해석학	2002.3
8	원주율에 대한 수학자들의 열정과 C/C++ 언어로 도전하는 원주율 계산	2002.4
9	물리학(Physics)과 생리학(Physiology)으로 풀어가는 음악(Music)의 신비	2002.8
10	Java 언어로 구현하는 수치해석학	2002.8
11	Visual C++ 6.0 으로 구현하는 수치해석학 2003	2003.1

순서	제 목	출간일
12	고속 푸리에 변환(Fast Fourier Transform)으로 구현하는 무한정밀도(Infinite Precision)	2003.3
13	물리학자 푸리에와 고속 푸리에 변환	2003.8
14	Visual C++ 6.0 과 GNU 컴파일러로 구현하는 수치해석학 2004	2004.2
15	Visual C++ 6.0 과 GNU 컴파일러로 구현하는 수치해석학 2005	2005.3
16	셈틀에서 태어난 수치해석학 기본판 셈틀에서 태어난 수치해석학 완전판	2008.5
17	Visual C++ 6.0 으로 구현한 전산물리학	2008.6
18	화음의 신비	2008.8

Visual C++ 6.0으로 구현한

3차원 컴퓨터 그래픽

2008년 8월 20일 초판 인쇄
2008년 9월 20일 초판 발행

저　자 / 최행진
발행자 / 오판근
발행처 / 교우사

주　소 / 서울 동대문구 제기2동 148-19
전　화 / 925-2861(대), 편집부 / 925-2825
팩　스 / 925-2860
E-mail / kw2861 @ empal.com
http: // www. kyowoo. co. kr
등록 / 1994. 3. 24 제6-0256호

ISBN 978-89-8172-756-7 (93560)

값 **13,000**원